덜컥, 서늘해지다

J.H CLASSIC 095

덜컥, 서늘해지다

'남과 다른 시 쓰기' 동인
이서빈 외

지혜

머리말

외짝날개 곤충이 날고
피다 말고 목을 버리는 꽃

곰, 물고기, 자라들이
모두 하늘로 가기 위해 국자까지 하늘로 날라다 놓았다
잘 살던 종種들이 하늘로 이주하면
인간도 결국 하늘로 가게 되겠지!

자연은 오염과 공해로
파산과 파열을 눈앞에 두고 있다

여기에 실린 시들은
금강산 제1봉인 신선봉 흐르는 물에
혼을 갈아 쓴 것이다

금강산 봉우리마다 깃든 정기精氣 받아
세계의 산이 푸르러질 때까지
대칭이 비대칭의 임계점을 넘어서
식물이나 동물 생태계 웃음이 푸르러지기를
염원念願한 기도다

차례

머리말 —————————————— 5

1부

이서빈
덜컥, 서늘해지다 ——————— 12
평등 ——————————————— 15
지구 해열제 ———————————— 17
시감상 | 이 옥 ——————————— 19

이진진
링링 ——————————————— 24
바람눈썹 ———————————— 26
바람증후군 ———————————— 28
시감상 | 이서빈 ——————————— 30

글보라
주인공 ——————————————— 34
사철나무 ————————————— 36
나무비 ——————————————— 37
시감상 | 이서빈 ——————————— 39

2부

글나라
바다거북 — 44
문득, — 46
술취한 바람 — 48
시감상 | 이서빈 — 50

정구민
새소리 까페 — 54
헛헛한 바람 — 56
사라져가는 것들 — 58
시감상 | 이서빈 — 59

최이근
능구렁이 — 64
상상의 풀을 뜯다 — 65
명자꽃 — 67
시감상 | 이서빈 — 68

손선희
돌의 생 — 72
근심이 내려앉는 날 — 74
절개 — 76
시감상 | 이서빈 — 78

3부

고윤옥
올챙이 합창단 ──────── 82
바람의 말 ──────── 84
남과 다른 시 쓰기 ──────── 86
시감상 | 이서빈 ──────── 88

권택용
바람 ──────── 94
마음을 닦다 ──────── 95
마음눈 3 ──────── 96
시감상 | 이서빈 ──────── 97

우재호
돌아오지 않는 것들 2 ──────── 101
지구 떠나야 한다 ──────── 103
끈끈한 협착 ──────── 105
시감상 | 이서빈 ──────── 107

이정화
몽상가의 몽상 ──────── 112
까치가 위험하다 ──────── 114
하늘금고 ──────── 116
시감상 | 이서빈 ──────── 118

4부

글빛나
건널목 ⸺ 124
지구역 ⸺ 126
한도 초과 ⸺ 127
시감상 | 이서빈 ⸺ 128

글로별
바람의 부탁 ⸺ 132
숲 키우는 청설모 ⸺ 133
우물쭈물 사이 ⸺ 135
시감상 | 이서빈 ⸺ 137

이 옥
장미향기를 쓸다 ⸺ 142
하얀까마귀 ⸺ 144
바람전설 ⸺ 146
시감상 | 이서빈 ⸺ 148

글가람
하하하夏夏夏 ⸺ 153
바드랏재 ⸺ 155
유령 ⸺ 157
시감상 | 이서빈 ⸺ 159

• 일러두기
　페이지의 첫줄이 연과 연 사이의 띄어쓰기 줄에 해당할 경우 >로 표시합니다.

1부

덜컥, 서늘해지다 외 2편

이 서 빈

푸른햇살 푸른새소리 푸른바람 푸른빗방울 푸른것들 우르르 삶 놓을 때

섶구슬 거미줄 걸려 대롱거릴 때

비닐장갑 빨대 1회용들 회오리칠 때

몰이 당해온 고래, 머리 작살 꽂혀 바닷물 벌겋게 출렁이게 할 때

집단 폐사된 물고기들 부릅뜬 눈, 인간 향해 붉은 핏대 세울 때

머리 잘린 코끼리 독 든 몸뚱이로 허기 채운 독수리 죽음 볼 때

전봇대 위에 있던 집 떨어져 깨진 알 보며 여승처럼 까치까치 조까치 서럽게 울며

허공에 그린 그림 여백 너무 많아 황량해 보일 때

밍크 거위 알파카 인간 영혼 입고 거리 활보할 때

늦은밤 여기저기 널브러진 쓰레기 봉다리 잠과 함께 수북하게 실은 청소차 볼 때

세상 가득한 환경쓰레기 말쓰레기 독재쓰레기 불법쓰레기 쓰레기로 숨이 막힐 때

어둠 가출한 달 나뭇가지 걸려 얼음장보다 찬 공중 흔들고 있을 때

하루치 노동 끝내고 헛간 시렁에 걸린 다 닳은 호미 웅크리고 잠들 때

밭 한 떼기 택배 받아 펼치자 고들빼기 씀바귀 미나리 도라지 더덕 저마다 눈빛을 맞출 때

마음 흔들려 나무 보러 가면 나무가 더 슬픈울음으로 흔들리고 있을 때

캄캄한 밤, 허물어지는 시간 간신히 떠받치고 먼 중생대 반딧불이처럼 깜빡이는 별빛 볼 때

바닷가 모래밭 발자국 끝난 곳 낯선 신발 한 켤레 가지런히 놓여 있을 때

어느 간이역서 뒤돌아보니 문득, 너무 많이 와버려 돌아갈 수 없어 막막해 질 때

덜컥, 서늘해진다

평등

유령들 사납게 지구를 뒤흔든다

인간들 혼란 뒤따라 붙고
하늘은 눈감고 묵묵하고
걷잡을 수 없이 번져 나가는 열정에
발 동동 구르며 숯덩이처럼 까맣게 애태우는 영장들
한방에 휘둘러 유령 제압할 도깨비방망이는 없을까?

턱 괴자 바퀴 없이 굴러가는 생각눈동자에 맹꽁이 울음 스미고
날개 없는 눈깜빡할새 한 마리 눈거품 풀풀 날리며 날아오른다

논물에 출렁이는 어스름 왜가리 다리 더욱 외롭게 하고
녹색윤기 빗질하던 햇빛 그물에 걸려 파닥인다

인간은 황새 뱁새 구분 허세 범람하며
낡은 습 무럭무럭 키운다

하루살이도 반날살이도
부자도 가난뱅이도
평등해지는 시간

유령이 흔드는 투명깃발 앞에서
물소리 야위어가고 푸른그늘은 풋내 흔들고
바람은 허공을 분양받아 이랑마다 푸른근심 모종한다
우후죽순 자라나는 푸른근심 앞에서
소름 끼치도록 평등해지는 시간

지구 해열제

한겨울인데 열 펄펄 끌이며
춥다고 몸서리치는 지구

어디 지구 해열제 만들어 낼 제약회사 없을까?
필사적 몸부림으로 지구가 낳은 식물
당뇨 혈압 고지혈 진폐증 골다공증 동맥경화
오염에 헤아릴 수 없는 고질병에 시달린다
세상 오염 편집하는 전문가 없을까?

몇십 년 전 오염 참다못한 배추머리개그맨
'지구를 떠나거라' 외치자
인간은 인공위성 쏘아 올리며 '지구를 떠나거라'
웃지 못할 개그 하면서 웃고 있다

오염에 찌든 별들
햇살 좋은 날 강물에 뛰어내려 몸 씻자
반쯤 남은 낮달 시든 목소리
물도 다, 다, 다, 썩, 썩, 썩,
'었다'는 말 입속에 두고 스르르, 숨 감는다

>
죽은 지구에 한 번도 살아보지 못한 인간은
지구가 죽으면 자신이 죽는다는 걸 모른다

환풍기는 쉬지 않고 매연을 돌리고
지구는 해열제 한 알 구하지 못해
끙끙 앓고
하늘은 유령처럼 검은눈물 흘리고 있다

시감상 | 이 옥

앓고 있는 자연을 위해 고뇌하던 시인은 생태환경의 위기를 무심하게 보지 않고 상생이라는 공동체 인식으로 지구 미래를 걱정하며 재앙이 도래하기 전에 지구를 되찾고자 하는 큰 틀을 짜고 접근하고 있었음을 '덜컥, 서늘해지다'라는 시를 읽어 보면 더욱더 확신할 수가 있다. '덜컥'은 놀라움이나 무서움으로 가슴이 내려앉는 듯한 느낌이고 '서늘해지다'는 뜻밖의 충격으로 섬뜩하고 으스스한 느낌이 들게 한다는 말이다. '덜컥'과 '서늘해지다'가 합쳐져 지구 큰 눈동자가 고장 난 시계처럼 멈출 때가 다가왔음을 알리는 동시에 돌이킬 수 없는 시점에 성큼 다가왔음을 깨닫게 하려는 시인의 의지 표명이라고 할 수 있다.

'우르르 삶 놓을 때' '머리 잘린 코끼리 독 든 몸뚱이로 허기 채운 독수리 죽음 볼 때' 막막한 시간을 비추는 달빛, 슬프다는 말조차 못 하는 자연과 생명의 모순이 갈등으로 나타나 충격으로 와 닿는다. 시간상의 순간, 어떤 일이 일어나거나 문제가 되는 상황이나 형편을 말하고 있는 '때'는 이미 불안 걱정 두려움 절망이 포함되어 있다. '인간 향해 붉은 핏대 세우'는 물줄기들은 귓속을 파고들어 와 잠을 덮치고 아찔함으로 불 밝히는 밤까지 홍수로 다 쓸어버릴 것이다.

자기 자신의 이익 때문에 탈출구가 없는 지구를 '세상 가득한 환경 쓰레기 말쓰레기 독재쓰레기 불법쓰레기 쓰레기로 숨이 막힐 때' 욕심쓰레기, 까마귀 떼처럼 몰려든다. 쓰리고 아픈 자연은 쓰쓰쓰 쓰러지고 말 것이다. 파릇파릇 풀물이 들던 행복은 어느 먼 곳으로 가버리고 여름에도 마스크가 꽁꽁 얼 것 같은 추위를 보내고 있는 안타까운 현실에 맞서서 행동하는 주체가 되어 외연을 확장해 나가면서 환경 시를 쓰는 시인의 시정신은 풀뿌리처럼 강인하다. 비탈길이 '마음 흔들려 나무 보러 가면 나무가 더 슬픈 울음으로 흔들리고 있을 때' 나무의 슬픈 울음에 돌부리마저 온몸 흔들며 울고 있는 것은 아닐까? '너무 많이 와버려 돌아갈 수 없어 막막해질 때/ 덜컥, 서늘해진다', 시인이 이렇게 절규하고 있는 것은 우리의 생명이 끝나면 후손에게 제대로 된 지구환경을 돌려줘야 하기 때문이다, 푸른햇살 푸른새소리 푸른바람 푸른빗방울 푸른 자연의 소중함을 일깨워주는 환경시, 전 인류를 복종시킬 만한 푸른 힘을 가지고 환경운동에 앞장서고 있는 시인은 이미 세상의 지도자가 되어있는 것이다.

 우리는 흔히 사람들이 평등한 대우를 받아야 한다고 말한다.

 시인은 '평등'을 어떤 면에서 바라보았는지 들어가 보자. 우리는 지구 안에서 서로 손 맞잡고 멋진 지상낙원을 살아가야 한다.

 그러나 '유령들 사납게 지구를 뒤흔든다'에서와 같이 유령들이 불화살 쏘며 자기 자신만의 권리와 특전을 요구하며 덤벼들고 있다. '하늘은 눈감고 묵묵하고 걷잡을 수 없이 번져나가는 열정에 발 동동 구르며 숯덩이처럼 까맣게 애태우는 영장들' 기회는 평등하고 과정은 공정하며 결과는 정의로울 것이라고 공언했지만 어떻게 약속을 어기는지를 몸소 보여주고 있으니 실망과 환멸을 느낄 수밖에 없다. 살아온 무게를 돈으로 저울에 달고 있는 현실, 숯덩이처럼 까맣게 애태울 수밖에 없어 '눈물에 출렁이는 어스름 왜가리'는 우리의 미래의 터전임에도 불구하고 '다리 더욱 외롭게 하고' 말았다. 끝이 안 보이는 기후재앙 나날이 쌓이고 '인간은 황새 뱁새 구분 허세 범람하며 낡은 습 무럭무럭 키'워 뱁새눈 가진 뱁새마저 째진 눈으로 인간을 얕잡아 보고 있을 것이다.

  '평등'이란 시를 읽다 보면 '자연까지 파괴하며 증오와 분노를 일으키며 위계서열을 부정한다는 것은 조직의 힘을 잃어버릴 수밖에 없다'라고 쓰인 알렉스 캘리니코스의 '평등'이 생각난다. 자기 권리만 찾는 평등은 상호 적대적인 공멸만이 남아 무엇의 평등인가라는 물음에 가장 중심을 이루는 관념의 하나가 되어버릴 수밖에 없다. '우후죽순 자라나는 푸른근심 앞에서 소름끼치도록' 불평등, 불균형, 불규칙이 불씨 되어 산까지 불 지르고 있다. 정상적인 것이 남아 있지 않은 푸른근심 앞에 다다르면 더 이상 잃어버릴 것이 없어 '평등해지는 시간' 진정한 대안도 없이 자신이 처한 상황이 암흑 속으로 들어가는 것인지도 모르고 무감각 무의식으로 살아간다. 자연과 교감하며 지구의 신음을 듣고 환경 시를 쓰면서 지구를 구하고자 고군분투하는 시인은 이미 지구의 구원자가 되어있는 것이다.

  다음은 지구가 해열제를 복용해야 하는 심각한 '지구해열제' 속으로 들어가 보자. 지구가 '한겨울인데 열 펄펄 끓이'며 해열제를 달라고 손 내밀고 있다. 이 마지막 전조현상을 보고 위급을 느낀 시인은 지구를 살려내기 위해 '세상 오염 편집하는 전문가'를 찾으면서 해열제를 찾고 있는 것이다. 시인은 세상 오염 바라보면서 '몇십 년 전 오염 참다못한 배추머리개그맨 지구를 떠나거라' 외치자 인간은 인공위성 쏘아 올리며 '지구를 떠나거라 웃지 못할 개그 하면서 웃고 있다'라고 하였다. 예전에 개그맨 김병조씨가 말한 '지구를 떠나거라' 개그가 이제는 오염된 지구에서 인간이 더 이상 살 수 없어 떠나가게 됨을 상징적이면서도 단성적이 아닌 다성적인 울림의 공간으로 표현하였다. '오염에 찌든 별들/ 햇살 좋은 날 강물에 뛰어내려 몸 씻자/ 반쯤 남은 낮달 시든 목소리/ 물도 다, 다, 다, 썩, 썩, 썩,/ 었다는 말 입속에 두고 스르르, 숨 감는다'.

'다' '썩'을 강조하기 위해서 한 자 한 자 띄어 집중하게 하더니 '었다'라는 부분에서는 몰입이 되면서 가슴이 철렁 내려앉게 만드는 시인은 글자를 가지고 노는 언어의 마술사인 것이 분명하다. 이 시를 읽어 내려가다 보면 인간은 오늘날 삶을 제대로 살아가고 있는 것인가? 라는 의문에 빠지게 된다. 인간들 때문에 병들어 열 펄펄 끓이다 검은 눈물 흘리고 있는 지구, 구경꾼의 입장에서 지구를 본 것이 아니라 지구와 한 몸이 된 시인은 죽어가는 지구를 어찌해야 할지 몰라 해열제를 찾는 것이다. '죽은 지구에 한 번도 살아보지 못한 인간은 지구가 죽으면 자신이 죽는다는 걸 모른다'. 죽음은 생물학적으로 신체의 소멸을 뜻하고 삶의 종말을 뜻하기도 한다. 어둠의 폭과 거리도 모르는 채 자신에게 길들여 살아가기 바쁜 인간은 주위를 돌아볼 줄 모르는 이기주의자, 어느 순간 그림자까지 거두어 사라질 햇볕을 시사해 주고 있다. 온통 지구촌이 코로나 19로 일상의 자유로움이 무너져 내린 충격적인 시간대에서도 풍성한 숲으로 되돌리기 위한

'불멸의 시혼'으로 푸른 생명의 언어를 선택해 온 힘을 쏟고 있었던 것은 운명을 통제할 수 있는 신기성과 천재성을 지니고 있었기에 가능한 것이다. 시대적 소임을 다하고 있는 이서빈 시인은 탄탄한 시정신에 생명력 불어넣어 수정된 시 씨방이 세월의 역량을 견디며 열매 맺었고 끈질긴 집념으로 지혜의 결실을 이루었다. 시적 영토를 넓고 깊게 확장하여 품격 높은 시 정신으로 좌절과 절망의 지구를 살리려 전력 질주하고 있다. 80억 인구가 사는 지구를 살리기 위한 시대적 소임으로 시인은 시속에 종소리를 매달아 우주 시공을 넘나들며 타종打鐘하고 있다. 이 종소리가 세계로 울려퍼져 지구가 완쾌되었다는 소식이 메아리로 돌아오면 좋겠다.

링링 외 2편

이 진 진

소나무의 위상도 메밀밭의 웃음도
한순간에 삼켜버리는 비정한 식욕

만물의 온도 질문하고
허공은 시들고
꽃 피우지 못한 소통 봉오리만 무성하다

몇천만 년 전 백악기 안킬로사우루스의 단단한 껍질도
부드러운 혓바닥을 이기지 못했다

길이 지워지면 또 다른 길을 만들 줄 아는
곡선은 태풍속 직선도 이겨내고 먼곳까지 달려간다

뿌리가 깊지 않은 태풍은 오래 머물지 못한다

링링 손아귀 벗어나려는 시련詩聯
창밖은 아수라장으로 또 하나의 창을 내
안팎의 경계를 지운다

바람은 천지 분간을 할 줄 몰라

메밀밭을 쑥대밭으로 만들고
눈물뼈도 추리지 않고 뼈째 삼켜버린다

날카로운 이성도 바람도 반납하고
무자비하게 먹어치운 배설물은
한 송이 꽃으로 환생시키기 위해
쓰레기들 완충 싸움을 벌이고 있다

바람눈썹

바람개비는 끊임없이 바람을 만들어내고
계절은 바람을 돌리고

뱃속에 들어가 공을 만드는 바람
발도 날개도 형체도 없이
움푹 들어간 합죽한 볼에 들며날며
주름을 폈다만들었다 하는 바람

터무니만 있으면
삐죽삐죽 솟는 건물 바람들
건물도 날개를 달고
터무니없이 새를 닮으려고 한다
허공 서로 차지하려는 것들의 날갯짓
언제 상처가 생겨 절벽으로 떨어질지 모르는 바람몰이의 비애

땅, 땅, 땅 계약서에 새겨진 말￼발굽들
공空되어 사라질 것들

발아된 싹들 연지 찍고 독을 찍고
터무니가 키운 공 부동산

풀벌레 울음 가득한 글자
한 번 바람이 불면 멈추지 못하는 욕심
바람부처의 말씀 쓸고 간 들판에 공허가 바글거린다

허공에 사다리를 놓고
돈바람 잡아 하늘을 호령하려는 손짓을 말뚝에 묶어 놓으려는 바람

바람눈에 눈물이 그렁그렁하다

유리벽에 부딪혀 쨕, 하고 죽는 새를 보며
바람은 파랗게 생각에 잠긴다

바람증후군

한 포대의 재롱을 풀고 간
고물거리는 시간
어린눈길도
만삭의 임산부도 인정사정없이
파고드는 균

내일이면 사라질 먼지 같은 오늘
만물의 영장이라는 기표가 으깨지고 있다

균바람 횡포는 마침표 찍지 않는다
말줄임표로 늘렸다 줄였다
기분대로 조롱하는 폭군

밤새도록 임산부 잠을 흔드는 기침 소리에
갈비뼈가 흔들린다
갈비소리 소스라쳐 자라목이 된다

아픔의 터널은
가장 아름다운 꽃을 피우기 위한 전주곡의 울림
기쁜 소식이 올 거라는 까치울음 같은 것

천 배의 굴욕이 필요가 되는 생명 창조의 길

쿵, 떨어진 출산율 올리느라 분주한 바람소리
전광판 숫자가 올라간다

시감상 | 이서빈

　이진진 시인이 쓴 시는 힘이 있다. 뚜렷한 시 정신이 살아 있다. 시인이 시를 왜 써야 하는지를 분명하게 상기시키는 힘을 「링링」으로 명명했다. 잘못됨을 알고도 방조하는 것을 정의라고 말하진 않는다. 잘못됨을 깨닫기도 어렵지만 깨닫고 실천하는 것은 더더욱 어려운 법이다. 이런 논리로 본다면, 현재에 직면한 가장 시급함을 깨닫게 하는 것이 첫 번째 순서인 것을 다음 시를 보면 극명하게 알 수 있다.

　'소나무의 위상도 메밀밭의 웃음도/ 한순간에 삼켜버리는 비정한 식욕

　만물의 온도 질문하고/ 허공은 시들고/ 꽃 피우지 못한 소통 봉오리만 무성하다

　몇천만 년 전 백악기 안킬로사우루스의 단단한 껍질도/ 부드러운 혓바닥을 이기지 못했다// 길이 지워지면 또 다른 길을 만들 줄 아는/ 곡선은 태풍속 직선도 이겨내고 먼 곳까지 달려간다// 뿌리가 깊지 않은 태풍은 오래 머물지 못한다

　링링 손아귀 벗어나려는 시련詩聯/ 창밖은 아수라장으로 또 하나의 창을 내

　안팎의 경계를 지운다

'바람은 천지 분간을 할 줄 몰라/ 메밀밭을 쑥대밭으로 만들고 눈물뼈도 추리지 않고 뼈째 삼켜버린다

날카로운 이성도 바람도 반납하고/ 무자비하게 먹어치운 배설물은
 한 송이 꽃으로 환생시키기 위해/ 쓰레기들 완충 싸움을 벌이고 있다'
　―「링링」전문

여기서 링링의 자리에 작금의 위기에 다다르게 한 인간을 넣어보면 시인이 무엇을 말하려고 하는지 알 수 있을 것이다. 다음 시「바람눈썹」도 마찬가지다.

'바람개비는 끊임없이 바람을 만들어내고/ 계절은 바람을 돌리고// 뱃속에 들어가 공을 만드는 바람/ 발도 날개도 형체도 없이' 사라지고 말 인간들이 끊임없이 욕심주머니를 늘려 '터무니만 있으면/ 삐죽삐죽 솟는 건물 바람들
　건물도 날개를 달고/ 터무니없이 새를 닮으려고 한다
　허공 서로 차지하려는 것들의 날갯짓
　언제 상처가 생겨 절벽으로 떨어질지 모르는 바람몰이의 비애// 땅, 땅, 땅 계약서에 새겨진 말發굽들/ 공호되어 사라질 것들'을 사 모으고 경계를 그어 소유하려고 바둥바둥거리며 앞만 보고 달리다 '유리벽에 부딪혀 쨱, 하고 죽는 새를 보며/
　바람은 파랗게 생각에 잠긴다'

이 구절 역시도 새 대신 인간을 넣고 읽어보면 알 수 있다. 너무나 잘 비유해 쉽게 이해할 수 있게 쓴 시다. 고수들은 원래 어려운 말을 쉽게 풀어내는 법, 이 시가 생태를 살리기 위한 시이니 한 사람이라도 더 깨닫게 하려고 고민한 흔적이 작품에 흥건하게 묻어난다. 다음 시 「바람증후군」 시숲을 거닐어보자.

'한 포대의 재롱을 풀고 간/ 고물거리는 시간
어린눈길도/ 만삭의 임산부도 인정사정없이/ 파고드는 균

내일이면 사라질 먼지 같은 오늘/ 만물의 영장이라는 기표가
으깨지고 있다

균바람 횡포는 마침표 찍지 않는다
말줄임표로 늘렸다 줄였다
기분대로 조롱하는 폭군

밤새도록 임산부 잠을 흔드는 기침소리에/ 갈비뼈가 흔들린다
갈비소리 소스라쳐 자라목이 된다
아픔의 터널은
가장 아름다운 꽃을 피우기 위한 전주곡의 울림
기쁜소식이 올 거라는 까치울음 같은 것
천 배의 굴욕이 필요가 되는 생명 창조의 길

쿵, 떨어진 출산율 올리느라 분주한 바람소리

전광판 숫자가 올라간다'
—「바람증후군」전문

　현실을 가장 잘 변주하는 독특하고 감각적인 시다.「바람증후군」이란 독특한 소재를 사용해 현재의 문제점을 날카롭게 시적으로 이미지화시키는 비범함을 나타낸다. 인간의 삶에서 마주하는 문제점을 무심함이나 사소하게 치부할 때 돌이킬 수 없는 재앙이 도래한다는 것이다. '가장 아름다운 꽃을 피우기 위해 전주곡의 울림'만 잘 관찰하고 이해해도 우리는 큰 재앙을 막을 수 있을 것이다. 지진이 일어나려면 개미 같은 곤충이 먼저 떼로 움직이고 인간에게도 어떤 큰일이 일어나기 전에 이미 전조현상이 일어나지만, 사람들은 그걸 대수롭지 않게 여기기에 큰 불행을 막지 못한다. 속담에 '소 잃고 외양간 고친다'라는 붉은 경고 딱지를 붙인 말이 있다. 우리가 살아갈 지구가 우리를 떠나기 전에 마지막 전조현상이 일어나고 있음을 감지한 이진진 시인의 시에 귀 기울이지 않으면 인간에게 심각한 일이 초래될 것이다. 상투적이고 습관화된 생각과 사고방식으로는 상상할 수 없는 감각 더듬이의 촉을 최상으로 올려 더 늦기 전에 인류가 꼭 해야만 해야 할 일을 독촉하고 있다. 탁월한 촉으로 아름다운 미래를 향해 쓴 이정표 같은 이 시가 지구를 지키는 전사戰死가 되어 날아다닐 것이다.

주인공 외 2편

글 보 라

없던 햇빛과 바람이 감지되는 날부터
나는 나무가 되었다

관처럼 둘러싼 껍질 안에서
우주의 동심원을 기록
기록을 펼칠 때마다 꽃핀다 환호하는 사람들
일 년밖에 안 되는 기록열매를 달게 삼키기도 한다

성장통 같은 자연재해나
거친 바람 견디면서
그림자 이리저리 기울이며
사람들에게 맑은바람으로 통과되고 싶었다

언제부터인가
무방비로 맞은 오염, 산성비
사람과 너무 가까이 다가서면 명이 짧다는 걸
오징어 게임을 보며 깨달았다

무궁화 꽃이 피고
무궁화 꽃이 피고 무궁화가 핀 게 아니고 화 꽃이 피어

우물쭈물하다 죽는 게임

화학 공장, 무분별 폐기물, 일회용품 등
폭풍처럼 몰려올수록
정신 바짝 차리고 산소를 불어
마지막 살아남은 오징어 게임*주인공처럼
살아남아 풍성한 숲의 주인공이 되어야지

* 456억 원의 상금이 걸린 의문의 서바이벌에 참여한 사람들이 최후의 승자가 되기 위해 목숨 걸고 극한의 게임에 도전하는 이야기의 영화

사철나무

철없는 것을 빙충이라고 하던가

화단에 사철나무
계절에 맞서 당당하게
겨울을 통통하게 살찌우고 있다

제철에 합류하지 못한 사유는
통속적인 것은 시시해서라던가

함박눈을 함지박보다 많이 담고
가난한 계절을 배부르게 하는 일에
모두 예라고 할 때
나는 아니오라고 말하고 싶어서다

사철 푸름만 키우는 나무
남루한 가슴에 푸르름 키워
아니오 아니요
싱싱한 물비늘처럼 탱글탱글한 목소리에
함박눈 후드득 털어내고
다른 계절 속으로 속으로 가는 나무
때로는 빙충이 진짜 철이라고 속삭인다

나무비

나무에는 푸른비가 산다

졸졸 흐르기도 하고
보슬부슬 내려보기도 하고
폭포수로 쏟아져 내리기도 한다

흠뻑 스민 비 털어내는 우산처럼
푸른바람은 스위치 올려 잎사귀 말려준다

스산하다는 빗소리를 말리는 찬바람 말
날아갈 것 같은 기분은 나무비가 먼지를 다 씻어낸 후의 말이다

나무에 손을 대면 넉넉해지고
나무에 기대면 순한 잠이 눈을 감기는 것도
나무몸 가득 묘목에게 주는 빗소리 때문

이제 막 움튼 어린묘목부터
수천 년 살아온 주목까지
푸른꿈 촉촉하게 적셔주는 나무비
시들고 메마른 내가 등 기대면

서늘하도록 청명한 물소리
뻑뻑해진 등선 파고들어
쏴아아 아아 물꼬를 틀어준다

시감상 | 이서빈

  시의 논담論談 즉, 시의 시비를 논하는 일은 창조적 공감대와 이미지의 조화를 검색하는 일, 그래서 정답도 오답도 없는 감성에 따라 시시각각으로 변하는 일이다. 그렇지만 그 시가 그 시대에 산물임을 부정할 수는 없는 일임에는 분명하다. 그렇다면 우리가 사는 지금은 무엇이 가장 시급하며 인간이란 자, 타칭 만물의 영장으로 태어나서 그 찰나의 순간에 무엇을 쓰고 무엇을 남기고 갈 것인가는 각자의 영靈적 깨달음에 대비된다. 글보라 시인이 이 시대에 환경을 지키는「주인공」이 되어 쓴 시를 펼쳐본다.

  '없던 햇빛과 바람이 감지되는 날부터
  나는 나무가 되었다

  관처럼 둘러싼 껍질 안에서
  우주의 동심원을 기록
  기록을 펼칠 때마다 꽃핀다 환호하는 사람들
  일 년밖에 안 되는 기록열매를 달게 삼키기도 한다

  성장통 같은 자연재해나
  거친 바람 견디면서
  그림자 이리저리 기울이며

사람들에게 맑은바람으로 통과되고 싶었다

언제부터인가
무방비로 맞은 오염, 산성비
사람과 너무 가까이 다가서면 명이 짧다는 걸
오징어 게임을 보며 깨달았다

무궁화 꽃이 피고
무궁화 꽃이 피고 무궁화가 핀 게 아니고 화 꽃이 피어
우물쭈물하다 죽는 게임

화학 공장, 무분별 폐기물, 일회용품 등
폭풍처럼 몰려올수록
정신 바짝 차리고 산소를 불어
마지막 살아남은 오징어 게임 주인공처럼
살아남아 풍성한 숲의 주인공이 되어야지'
―「주인공」전문

 이 시는 오늘을 사는 우리에게 많은 생각을 해주게 한다. 절제된 분별력과 섬세한 시적 발상을 응시하고 몰입해 읽지 않으면 '우물쭈물하다 죽는 게임'이 됨을 소름 끼치도록 잘 묘사했다.
 아무리 무궁화 꽃이 피고 또 피어도 지금 욕심을 버리지 않고 '오징어 게임'처럼 1등만 위해 오르고 또 오르다 푸른 숲은 모두 다 불태우고 폐기처분하고 말 것이다. 진정한 1등, 풍성한 숲의

주인공이 되려면 지구를 살리지 않고는 주인공이 될 수 없다. 내가 땅에 5대양 6대주를 품고 태어나는 날 '없던 햇빛과 바람이 감지되'어 나라는 사람이 태어났다. 빈 몸이었다. 갈 때도 공평하게 빈 몸이다. 무슨 욕심에 저리도 환경을 짓밟고 있느냐고 정신 바짝 차리고 풍성한 숲을 되돌리는 주인공이 되자고 호통을 친다. 「사철나무」 또한 환경을 말한다. 옛말에 '굽은 나무가 선산을 지킨다.'라는 말이 있다. '가난한 계절을 배부르게 하는 일에 모두가 예라고 할 때/ 나는 아니오라고 말하고 싶어' 빙충이란 말을 듣더라도 당당하게 맞서 싸우며 이 자본주의 시대에 합류하지 못한 사유를 오히려 시시하게 보는 시인의 배짱이 두둑하다. '때로는 빙충이가 진짜 철이라고 속삭인다.'

「나무비」에서는 거두절미하고 '나무에는 푸른비가 산다/ 졸졸 흐르기도 하고/ 보슬부슬 내려보기도 하고 폭포수로 쏟아져 내리기도 한다// 나무에 손을 대면 넉넉해지고 나무에 기대면 순한 잠이 눈을 감기는 것도// 시들고 메마른 내가 등 기대면 서늘하도록 청명한 물소리/ 빽빽해진 등선 파고들어/ 쏴아아 아아 물꼬를 틀어준다'라고 한다. 이 얼마나 서늘하도록 청명한 소리인가? 미국인들이 가장 존경하는 퍼스트 레이디, 엘리너 루스벨트는 '어제는 역사이고 내일은 신비이며 그리고 오늘은 선물'이라고 했다. 자연이 우리에게 이 눈부시고 신비로운 오늘을 매 순간 배달해주고 있지만, 욕심으로 **빽빽해진** 삶은 등선을 파고들어 쏴아아 아아 물꼬를 틀어주며 자연의 경이로움을 매 순간 실어날라도 인간은 소경이 되어 보지도 못하고 귀머거리가 되어 듣지도 못하고 멀쩡한 입을 가지고 혀 잘린 참새 같은 말을 쏟아내며 신비로움을 보지도 듣지도 못하고 앞으로만 아니, 무덤으로 바삐 전속력으로 치닫고 있는 이 시대에 시의 쓸모를 증명하듯 허를 찌르는 알레고리allegory로 엮어낸 시다. 이 시가 지구를 대신하여 쏜살처럼 지구촌 모든 사람에게 날아가 나비효과를 일으켜 전 지구촌이 푸른숨소리 쏴아아 아아 쏟아내는 계기가 되길 간절히 바란다.

2부

바다거북 외 2편

글 나 라

온 대지는 불덩이
모래는 쉬지 않고
조용히 지표를 덮는다

유동하는 모래는 건조하다
끊임없는 흐름으로
생물을 변화시킨다

지구 열기 뜨거운 화상으로 이어지고
미래를 위한 엄마거북
자궁을 움켜쥐고
열기 바람 부둥켜안으며
잘 될 거야, 잘 될 거야
온갖 힘으로 알 부화를 꿈꾼다

새끼거북 심장이 뛰고
물살에 휩쓸려 몸을 가눌 수 없을 때
수면위로 올라와 파도를 잡는다
위험에서 탈출을 시도하는 훈련 받으며 자란다

\>
뜨거운 모래 온도가
만든 작품은 모두가 암컷
무너진 성별 균형

지구 온난화 시대에 앞으로 태어날
바다거북들의 운명은?

문득,

창가에 난 한 송이 선물처럼 피어났다

시들했던 내 마음에
생기와 활력을 준다

창가엔 햇빛과 바람이 무시로 드나들며 쓰다듬는다

그런데
언제부터인가 시름시름
물을 더 주고 정성을 들여 보지만
고개를 푹 숙이고 다시 일어나지 않는다

난에게 기분전환을 안 시키고
꼭 닫아둔 창문 탓을 해 본다

내게 머리도 식혀주고
웃음도 날라주었는데
내 활력까지 앗아가버렸다

위로를 실어다 주고

매력적인 음악을 들려줄
나울나울한 겨드랑이 바람이 필요하다

꼭 닫힌 슬픔 밀어내고
향기를 날라주던 난이 숙인 고개앞에
나의 무능함을 탓해본다

문득,
난 하나에도 활력을 잃는데
숲을 통째 베고 태우는 인간들
앞으로 위기는 불 보듯 뻔하다는 생각이 난대신 고개를 들고
빤히 나를 쳐다본다

술취한 바람

바람이 술에 취했다
달빛 구름 안주 삼아
흐드러지게 핀 꽃 향기술에 취해
풍뎅이처럼 풍풍거리다

멀칭 비닐 갈기갈기 찢고
이산 저산 떠돌며 술주정한다

비 오면 빗소리 안주 삼고
눈 오면 눈 안주 삼아
4계절 흥청망청
세상을 흔들어대는 바람

하천으로 강으로
산으로 사람의 허파로 뼛속으로
수천만 년
우주에 둥둥둥

산불 부추겨 산 삼키고
사막 먼지 퍼 날라도 깨닫지 못하는 인간들 때문에

술로 괴로움 달래는
저 바람은 말한다

초록이 다 새어나간 지구는
계절과 계절 사이를 건너지 못해
멈추고 말 것이라고

시감상 | 이서빈

    시인은 상처받은 영혼뿐 아니라 우주 만물에 목숨을 부여하는 신과 같은 존재다.
    하여, 시인神은 함부로 붓을 내둘러서는 안 된다. 누군가에게 마음의 위로가 되고 상처를 치유하는 숭고하고 고매한 품격 바탕에서 글을 써야 한다. 그런 측면에서 본다면 장정희 시인의 「바다거북」은 인간이 만물의 영장이라며 휘두르는 저 너머의 것을 바라보며 따뜻한 생명 근본에 접근하여 근원적 가치의 결핍을 심층深層 있게 다룬 시이다.

    '온 대지는 불덩이
    모래는 쉬지 않고
    조용히 지표를 덮는다

    유동하는 모래는 건조하다
    끊임없는 흐름으로
    생물을 변화시킨다

    지구 열기 뜨거운 화상으로 이어지고
    미래를 위한 엄마거북
    자궁을 움켜쥐고

열기 바람 부둥켜안으며
잘 될 거야, 잘 될 거야
온갖 힘으로 알 부화를 꿈꾼다

새끼거북 심장이 뛰고
물살에 휩쓸려 몸을 가눌 수 없을 때
수면위로 올라와 파도를 잡는다
위험에서 탈출을 시도하는 훈련 받으며 자란다

뜨거운 모래 온도가
만든 작품은 모두가 암컷
무너진 성별 균형

지구 온난화 시대에 앞으로 태어날
바다거북들의 운명은?'
―「바다거북」 전문

 '뜨거운 모래 온도가/ 만든 작품은 모두가 암컷/ 무너진 성별 균형// 지구 온난화 시대에 앞으로 태어날/ 바다거북들의 운명?'을 걱정하며 이 시대를 살아가는 시인으로서 망가져가고 있는 지구에 대한 막중한 소임을 깨닫고 우리 모두가 생태에 관심을 가지자는 의지를 표명하는 것이다. 다음 시「문득,」에서도 시인은 창가에 핀 한 송이 꽃도 자연이 준 선물이라며 시들했던 마음에 생기와 활력을 주는 식물이 우리에게 주는 기쁨을 말하다가 다시 아프다고 아우성치는 자연으로 시선을 돌리며 난 한 포기에도 활력을 잃는데 숲을 통째 베고 태우는 인간들에게 앞으로 위기는 불 보듯 뻔하다고 경고장을 날린다. 「술취한 바람」 역시 환경 파괴를 소재로 삼은 시다.

  '바람이 술에 취했다
  달빛 구름 안주 삼아
  흐드러지게 핀 꽃 향기술에 취해
  풍뎅이처럼 풍풍거리다

  멀칭 비닐 갈기갈기 찢고
  이산 저산 떠돌며 술주정한다

  비 오면 빗소리 안주 삼고
  눈 오면 눈 안주 삼아
  4계절 흥청망청
  세상을 흔들어대는 바람

  하천으로 강으로
  산으로 사람의 허파로 뼛속으로
  수천만 년
  우주에 둥둥둥

  산불 부추겨 산 삼키고

사막 먼지 퍼 날라도 깨닫지 못하는 인간들 때문에

술로 괴로움 달래는

저 바람은 말한다

초록이 다 새어나간 지구는

계절과 계절 사이를 건너지 못해

멈추고 말 것이라고'

―「술취한 바람」 전문

  독일의 낭만주의 시인이자 철학자인 노발리스(Novalis, 1772년~1801년)는 '우주에는 단 하나의 신이 있는데 그것이 인간의 몸'이라고 말했다. 글나라 시인은 노발리스의 단 하나의 신이 인간의 몸인데 그 몸을 낳고 먹여 기르는 것이 자연이라고 그래서 인간의 어머니에게 고통을 멈추지 않으면 초록이 다 새나간 지구는 계절과 계절 사이를 건너지 못해 멈추고 말 것이라고 휘몰아치며 비틀거리며 바람이 말한다고 한다. 바람 없이는 단 몇 분도 살 수 없는 바람에게 주술을 걸어 말을 시킨다. 그래도 무감각인 인간을 향해 바람은 술에 만취해 비틀거리면서 오늘의 눈부신 창조가 다 부서지기 전에 정신 차리라고 격조 높은 사유와 성찰로 시그물을 짜서 세상을 향해 당당하게 던진다. 아! 이 그물에 제발 세계 80억 인구가 다 갇혔다는 소문을 바람이 술에서 화들짝 깨어 글나라 시인 덕분에 푸르름꽃이 세상에 가득해졌다는 희소식을 전해주길 손꼽아 기다려본다.

새소리 까페 외 2편

정 구 민

달빛 별빛 새소리 모여 시를 읽는 새소리 까페입니다

바람 한 줄 나뭇잎 한 줄기 넣어 저으면
구름이 새파랗게 번집니다

고운이슬처럼 써 내려간 방울새
상큼한 표지 글 박새
감미로운 대화체 소설 촉새
콩나라 팥나라 콩새
쇠박새 진박새 오목눈이 딱따구리 악단들
숲속 식솔들의 나라
구봉산 마루에 휘파람 고였습니다

바람둥이 바람
벌나비 춤
꽃구름 꽃비 함박눈까지
등산길 모퉁이 돌아
새소리카페 글꽃 말꽃 구름꽃 햇살꽃 한 숟가락씩 넣은 유리잔
차 맛은 산매화 닮아
새소리카페 단골손님 산새와 재잘거리며

위작도 거짓도 모르는 글 쓰고

자연 잎들에 적힌 글 무한으로 읽으며
새 카페 앉아 환경시 씁니다

어느새 창가에 걸터앉은 새벽달
목 짧고 혀 짧은 새들

지구멸망 두렵다
두견새가 웁니다

헛헛한 바람

바람이 인간 허파에 헛바람 넣고 허허 웃고 있다

파르르 떠는 바람
문풍지 바람을 흔들고
천지는 끊임없이 바람을 일으킨다

황야 휩쓴 가글가글한 바람
화장 풍장 매장
인간 시신 태우는 독한 바람
헛숨결로 지나온 몇억광 년
헛숨결로 지나갈 몇억광 년

산사 처마 끝 풍경소리
맑은바람 뎅그렁뎅그렁
지구 온도 맑게 달래고 있다

코로나 19 바이러스
곡소리 아이구아이구(19, 19) 들린다
바람이 코로나 19 바이러스 장례를 치르는가 보다
장엄한 장례 행차에 가물치는 가물가물 하늘 쳐다보고

이무기 붓을 들어 한을 쓰고 있다

산천을 휘돌아 나온 글바람 소리
노랫가락 되어 흐르고

하얀바람 소복하게 쌓인 새벽
별빛을 풀어 얼룩 악취 날리는 헛헛한 바람

사라져가는 것들

풀꽃왕관 팔찌 만들어 단장한 꽃바람
온 세상 뿌옇게 물들이는 흙바람

서걱이는 갈대울음 훑고 지난자리
날개 잃은 언어 꽁꽁 얼어붙었다

생태계 순환 개발로
각종 꽃들 벌나비 대신
꽃가루 인공 수정하는 인간들

공해 살충제 마시고 얼어 죽은 벌나비
인간들 벌벌 떨고 있다

마른바람 불어 스산한 갈대밭
씨뿌리고 논 갈고 벼 베는 세상 이야기
혹한에서 파르르 떨다

꿀벌 사라지면 인류가 사라진다는 진리 익히며
순환에 순응하는 곤충 새롭게 작성하면
꽃바람 다시 불까?

시감상 | 이서빈

   정구민 시인의 시의 언어 온도는 너무 춥지도 덥지도 않은 적절한 온도를 유지하고 있다. 감각적인 언어로 상상의 껍질을 벗겨 삶의 편린들로 인간 내면을 웅숭깊게 하며 이러한 시적 언어는 푸른 미래를 만들어가기 위한 생태의 체온이 더 이상 올라가지 않게 하기 위한 장치로 시를 주목하게 만든다.

   '달빛 별빛 새소리 모여 시를 읽는 새소리 까페입니다

   바람 한 줄 나뭇잎 한 줄기 넣어 저으면
   구름이 새파랗게 번집니다

   고운이슬처럼 써 내려간 방울새
   상큼한 표지글 박새
   감미로운 대화체 소설 촉새
   콩나라 팥나라 콩새
   쇠박새 진박새 오목눈이 딱따구리 악단들
   숲속 식솔들의 나라
   구봉산 마루에 휘파람 고였습니다

   바람둥이 바람

벌나비 춤
꽃구름 꽃비 함박눈까지
등산길 모퉁이 돌아
새소리카페 글꽃 말꽃 구름꽃 햇살꽃 한 숟가락씩 넣은 유리잔
차 맛은 산매화 닮아
새소리카페 단골손님 산새와 재잘거리며
위작도 거짓도 모르는 글 쓰고

자연 잎들에 적힌 글 무한으로 읽으며
새 까페 앉아 환경시 씁니다

어느새 창가에 걸터앉은 새벽달
목 짧고 혀 짧은 새들

지구멸망 두렵다
두견새가 웁니다'
―「새소리 까페」전문

  이 새소리 까페가 문을 닫으면 달빛 별빛 새소리 모여 시를 읽는 일이 사라질 것이다. 곧 지구가 망한다는 말이다. 지구멸망이 두려워 이미 두견새가 운다고 절박한 언어를 고도의 이미지를 통해 말하고 있다. 어지럽고 복잡하고 다양한 문화의 여울 속에서 시인은 맑은 세상을 만들어 과거에서 현재로 현재에서 미래로 이어지는 인간사의 지속성을 걱정하고 있다.

'바람이 인간 허파에 헛바람 넣고 허허 웃고 있다'라며 가혹한 상황에서도 지구를 복원하려고 애쓰며 '천지는 끊임없이 바람을 일으킨다.'라고 현 기후의 심각성이 이미 도를 넘어서고 있음을 간파하고 있다. 어떤 학자는 생명이 위태로울 때는 시를 품어야 한다고 했다. 지금 시점이 딱 그때인 걸 안 시인은 천재지변으로 일어나는 일들을 '하얀바람 소복하게 쌓인 새벽/ 별빛을 풀어 얼룩 악취 날리는 헛헛한 바람'이라고 간절한 마음에 별빛을 풀어 얼룩 악취를 날리게 해달라고 하늘에게 빌고 있는지도 모른다. 헛헛한 바람이라고 말한 걸 보면 헛일이 될지도 모르지만 1% 가능성에라도 최선을 다하는 애절한 마음이 담겨있다.

    '풀꽃왕관 팔찌 만들어 단장한 꽃바람
    온 세상 뿌옇게 물들이는 흙바람

    서걱이는 갈대울음 훑고 지난자리
    날개 잃은 언어 꽁꽁 얼어붙었다

    생태계 순환 개발로
    각종 꽃들 벌나비 대신
    꽃가루 인공 수정하는 인간들

    공해 살충제 마시고 얼어 죽은 벌나비
    인간들 벌벌 떨고 있다

마른바람 불어 스산한 갈대밭
씨뿌리고 논 갈고 벼 베는 세상 이야기
혹한에서 파르르 떨다

꿀벌 사라지면 인류가 사라진다는 진리 익히며
순환에 순응하는 곤충 새롭게 작성하면
꽃바람 다시 불까?'
―「사라져가는 것들」 전문

 찰스 다윈을 비롯한 여러 위인이 꿀벌의 실종을 염려했다. 그중 아인슈타인은 '꿀벌이 사라지면 4년 안에 인류도 멸종한다.'라는 말을 남겼다. 유엔이 정한 세계 꿀벌의 날을 맞아 또 한 번 아인슈타인의 이름이 곳곳에 박제되었다. 핵폭탄의 모티브를 제공한 천재 물리학자가 벌이 사라지면 지구가 멸망한다는 말을 했다는 것은 그냥 넘어가서는 안 되는 말이다. 근래 치명적인 질병부터 기상이변에 따른 생태계 환경변화 꿀벌의 먹이인 밀원 부족 등 다양한 원인으로 벌을 키우던 농가들은 망연자실하고 있다. 그것은 도미노 효과로 번져 주요 농작물의 80% 이상은 꿀벌의 화분 매개를 필요로 하는데 단지 꿀 생산만이 아니라 과수 생장과 생태계에 영향을 주는 꿀벌이 사라지면 꿀 뿐 아니라 연쇄적으로 다른 먹거리도 부족하게 되기 때문에 꿀벌이 사라지게 되면 인간도 더 이상 생존할 수 없다는 절박함을 정구민 시인은 인간이 순환에 순응해서 다시 꽃바람 불게 하자는 말을 외치고 있다. 자신이 태어나 사는 한 시대에 책임감을 가지고 생태 시를 써내는 시인이 대견스럽고 숭고하다는 생각이 든다. 이 시가 세계 방방곡곡 날아다니며 지구를 살리는데 한몫할 것이라 믿는다.

능구렁이 외 2편

최 이 근

웬 소란인가?

울타리에 몸 걸치고 쳐다보는
긴 몸뚱이에 소란이 번들거린다

어인 일로 밖에 나오셨나?
인간들 눈에 빛을 쏘아 대더니
혓바닥으로 허공을 핥아 먹는다

무슨 생각인가 묻지 마라
오염 안 된 푸른기운 찾아
울타리 허문다

음흉하고 능청스런 인간
가야 할 곳 머물 곳 다 뺏아버려
어디로 가야 할까?

울타리 수시로 드나들며 기웃대는 바람
장독대 아기고양이 울음에
능글거리는 비닐을 번쩍이며
길게 누워 생각을 말리고 있는 저 능구렁이

상상의 풀을 뜯다

갈라진 논바닥에 주저앉아
절벽으로 떨어지는 생각

흔들리는 혼돈
비구름 없는 맑은 하늘만 쳐다본다

가물에 마당섶에 채송화도 시들고
조잘거리는 새소리 붉게 타는 어스름

이웃과 나누는 근심
시원한 꽃냄새 곱기도 하다

만물은 때를 만나 꽃피고 즐거운데
그늘 드리워도 푸르름 피어나는 삶

피고 지는 것 뜻대로 되는 것 아니다

언덕에 올라
매미 소리 수북한 숲 머루 다래 따고

>
샘물에 목축이고
풀밭에 앉아 시를 짓고 싶다

명자꽃

꽃울타리 흔드는 바람
울타리 꽃과 도란도란 얘기 나눈다

나비 날아와 명자야 부르면
아침 이슬에 세수하고 단장
향기 솔솔 뿌리는 명자나무울타리

질투 난 바람에 가시 세우며
눈길조차 주지 않는 바람보다 바람둥이 명자꽃

꽃진자리 바람개비 돌리는 향기들
향기 걸어놓고 기다리는 울타리 나비는 돌아가고

흰눈이 와도
가혹한 시간을 견디며 나비를 기다린다

다음 생을 발아시키기 위해
하얗게 몸서리치고 있는 명자나무울타리

시감상 | 이서빈

  인간이 욕망을 채우다 모든 게 상실되고 해소되지 않을 때 찾는 것이 자연이다. 그때 사람들은 '나는 자연인이다'를 외치고 어떤 영감이나 해결책을 찾기 어려울 때 훌훌 벗어던지고 찾게 되는 대상이 궁극적으로 자연이다. 자연은 단순히 외연外延의 풍경일 뿐 아니라 소통의 창구 또는 기댈 수 있는 힘이다. 그럼에도 문명이 발달할수록 자연은 파괴되고 있어 최이근 시인은 자연과의 어울림과 상생相生의 중요성을 유려한 문장으로 읊어내고 있다.

  웬 소란인가?

  울타리에 몸 걸치고 쳐다보는
  긴 몸뚱이에 소란이 번들거린다

  어인 일로 밖에 나오셨나?

  인간들 눈에 빛을 쏘아 대더니
  헛바닥으로 허공을 핥아먹는다

  무슨 생각인가 묻지 마라

오염 안 된 푸른기운 찾아
울타리 허문다

음흉하고 능청스런 인간
가야 할 곳 머물 곳 다 뺏아버려
어디로 가야 할까?

울타리 수시로 드나들며 기웃대는 바람

장독대 아기고양이 울음에
능글거리는 비닐을 번쩍이며
길게 누워 생각을 말리고 있는 저 능구렁이
―「능구렁이」 전문

'무슨 생각인가 묻지 마라/ 오염 안 된 푸른기운 찾아/ 울타리 허문다'라고 최이근 시인은 자연과 인간의 생명을 지탱하는 사물을 일상 주변에서 끌어다 연대와 공감의 중심축으로 만들었다. 그리고는 '음흉하고 능청스런 인간/ 가야 할 곳 머물 곳 다 뺏아버려/ 어디로 가야 할까?'라고 마치 인간, 너희들도 곧 위험이 닥쳐 갈 곳이 없다고 호통을 치고는 '능글거리는 비닐을 번쩍이며/ 길게 누워 생각을 말리고 있'다고 시인은 자연의 소중함을 구렁이를 통해 더불어 살아야 할 생명 가치를 호환互換해야 함을 강조하고 있다.

'갈라진 논바닥에 주저앉아
절벽으로 떨어지는 생각

흔들리는 혼돈
비구름 없는 맑은 하늘만 쳐다본다

가물에 마당섶에 채송화도 시들고
조잘거리는 새소리 붉게 타는 어스름
이웃과 나누는 근심
시원한 꽃냄새 곱기도 하다

만물은 때를 만나 꽃피고 즐거운데
그늘 드리워도 푸르름 피어나는 삶
피고 지는 것 뜻대로 되는 것 아니다

언덕에 올라
매미 소리 수북한 숲 머루 다래 따고
샘물에 목축이고
풀밭에 앉아 시를 짓고 싶다'
— 「상상의 풀을 뜯다」 전문

'갈라진 논바닥에 주저앉아/ 절벽으로 떨어지는 생각'을 한다. 최이근 시인은 갈라진 논바닥에 타들어가는 마음 때문에 절벽으로 떨어지는 생각을 하는 것이다.

'언덕에 올라/ 매미 소리 수북한 숲 머루 다래 따고/ 샘물에 목 축이고/ 풀밭에 앉아 시를 짓고 싶다'라며 자연과 함께 몸을 섞는 동체의 소명의식을 느끼는 것이다. 이런 생각은 한반도를 동서로 크게 갈라놓은 산줄기, 백두산에서 금강산 설악산 태백산 소백산을 거쳐 지리산까지 이어지는 큰 산줄기는 모든 강의 발원지며, 명산들이 대부분 자리 잡고 있는 백두대간에서 세계로 이어지는 모든 자연과 인간을 물아일체物我一體 즉, 사물과 나, 객관과 주관, 또는 물질계와 정신계가 어울려 한 몸으로 이루어짐을 극명하게 밝히며 자연의 감정과 인간의 생각을 교류하여 일체화된 정서를 빚어내고 있다. 최이근 시인은 「명자꽃」에서도 '꽃진자리 바람개비 돌리는 향기들/ 향기 걸어놓고 기다리는 울타리 나비는 돌아가고 흰눈이 와도/ 가혹한 시간을 견디며 나비를 기다린다'며 객관적 상관물objective correlative이 아닌 인간과 자연이 하나가 되어 기다릴 수밖에 없음을 보여주고 있다. '다음 생을 발아시키기 위해/ 하얗게 몸서리치고 있는 명자나무울타리'에서는 자연과 인간은 이번 생 다음 생을 번갈아 몸을 바꾸면서 하얗게 몸서리친다고 명자라는 사람의 이름에 많이 쓰이는 나무를 가져다 공생共生해야 상생相生할 수 있다는 생명의 공감과 연대감을 전 지구가 하나로 연결된 소통의 장으로 퍼 나르며 자연과 인간의 조화로운 어울림을 잘 그려내고 있다. 세계인들은 고개 들어 하던 일을 잠시 멈추고 최이근 시인의 시를 읽고 다시 자연생태를 바라보며 싱싱하고 푸른 자연에서 앞으로 앞으로만 달리며 잃어버린 시력을 회복하길 기대해본다.

돌의 생 외 2편

손 선 희

천년 속이 겉까지 새까매진 돌
단단하게 다진 속
이끼로 피고지고
깎이고 부서져
조약돌이 되어도
속없이 하얗게 웃고 있는

돌을 깨면
바람소리
새소리
물고기 비린내
날아오르고

돌의 내장까지
다 내어주고
더 주고 싶은
마음에

반짝반짝 빛나는
모래 되어

빛 잃은 이에게
길동무 되어주는

천년 속의 새까매진
돌의 생

근심이 내려앉는 날

근심꽃이 수를 놓는다

나무위에
꽃날개에
냇물에
보이는 대로
초록수를 놓는다

시집간 딸
장가간 아들
근심의 연대기는
늘 화려하게
피고지며
싱싱한 시간을 물들인다

칼바람에도 얼지 않고
땡볕에도 시들지 않는
엄마의 마음밭에는
근심꽃이 웃자란다

\>
엄마의 초록저고리와 흰치마
그건 근심꽃이었다

절개

바람을 얼리고
꽃향기 얼리어
툭툭 털어보니
온누리에 흰눈 되어 펄펄 난다

마음을 얼리고
생각을 얼리고
들여다보니
투명한 내장이
구불구불 길을 낸다

얼어붙은 시 가슴을 열면
계절나무에 앉아
지저귀는 새소리
벌나비 춤사위
꽃향기 풀풀 난다

누가 귀양길에 오르는지
산 능선에 먹구름 한 장 걸려
검은 시간을 펄럭인다

\>
비바람
천둥번개
폭염을 얼리는
차가운 절개

수억광 년 흘러도 변치 않은
사랑

시감상 | 이서빈

릴케는 '젊은 시인에게 보내는 편지'에서 '마음속 풀리지 않는 모든 문제에 대해 인내하라. 문제 그 자체를 사랑하라. 지금 당장 답을 구하려 하지 말라. 지금은 주어질 수 없으니. 중요한 건 모든 것을 살아보는 일이다. 지금 그 문제들을 살라. 그러면 어느 먼 미래에, 자신도 모르게, 당신은 그 답을 살고 있을 것이다.'라고 했다. 손선희 시인은 천년 속이 새까매진 돌을 해부하며 릴케의 말을 따라가고 있다.

천년 속이 겉까지 새까매진 돌
단단하게 다진 속
이끼로 피고지고
깎이고 부서져
조약돌이 되어도
속없이 하얗게 웃고 있는

돌을 깨면
바람소리
새소리
물고기 비린내
날아오르고

돌의 내장까지
다 내어주고
더 주고 싶은
마음에

반짝반짝 빛나는
모래 되어
빛 잃은 이에게
길동무 되어주는

천년 속의 새까매진
돌의 생
　—「돌의 생」 전문

 단단하게 다진 천년 속을 해부해보니 이끼도 피고 시간이 깎이고 부서져 조약돌이 되었는데도 속없이 하얗게 웃고 있다고 한다. 또 그 돌안에서 바람 소리 새소리 물고기 비린내가 날아오른다고 상상력을 꺼내며 속도 없이 내장까지 다 자연에게 내어주고 더 주고 싶은 마음에 모래가 되어서도 빛 잃은 사람에게 길동무가 되어주기 위해 반짝반짝 빛을 낸다고 한다. 이쯤 되면 천년의 세월이 먹먹해지게 한다. 백 년도 못살면서 천년을 살 것처럼 욕심을 똘똘 뭉친 인간에게 돌만도 못한 인간이라고 한 방 먹이며 천천히 릴케가 말하는 그 답을 살고 있다. 다음 시「근심이 내려앉는다」에서는 근심꽃이 자연 위에 내려앉아 초록수를 놓는데 그 수는 바로 어머니가 자식들에게 놓는 수인 것이다. '칼바람에도 얼지 않고/ 땡볕에도 시들지 않는/ 엄마의 마음밭에는/ 근심꽃이 웃자란다'라며 엄마가 입었던 초록저고리와 흰치마를 근심꽃으로 피워 감동을 주고 있다. 세상에서 가장 강한 것은 엄마라는 이름이다. 자식을 위해 늘 근심꽃을 피우는 엄마를 잘 표현하고 있다. 엄마라는 이름은 시공을 초월하는 이름이다.

'바람을 얼리고/ 꽃향기 얼리어/ 툭툭 털어보니/ 온누리에 흰눈 되어 펄펄 난다'라고 하고 또 '마음을 얼리고/ 생각을 얼리고/ 들어다보니/ 투명한 내장이/ 구불구불 길을 낸다'라는 시「절개」는 상상력이 온누리에 흰눈이 되어 펄펄 날아내리는 것 같다. 다음 연에서도 눈을 떼지 못하게 한다. '얼어붙은 시 가슴을 열면/ 계절나무에 앉아/ 지저귀는 새소리/ 벌나비 춤사위/ 꽃향기 풀풀 난다'. 시에도 가슴이 있다니 역시 손선희 시인은 자연에 있는 다양한 소재들을 자유자재로 끌어다 접목시키며 서정성의 시학을 다양한 기법으로 잘 활용하고 있다. 시인은 환경에 관한 시를 쓰면서 '그리스인 조르바'에서 '자신을 구하는 유일한 길은 남을 구하고자 애쓰는 것이다'라는 니코스 카잔차키스 말을 잘 증명하며 시를 쓰고 있는 것 같다. 그렇다. 자신을 구하는 유일한 길은 남을 구하고자 애쓰는 것이라는 말을 시적 질료로 삼아 자연을 구하고자 시를 썼으니 이 생태 시가 세상을 자유로이 날아다니길 기대해본다.

3부

올챙이 합창단 외 2편

고윤옥

올챙이들이 합창을 한다

지구 살리자 생활습관 돌아보자
상부상조로 잘살아 보자

쫑알쫑알 선율은 개구리 되어
한국에서 스웨덴으로
미국 영국 독일 세계로 너울지고

귀밝은 자들은
온난화 막으려 쓰레기 점검에 바쁘다

우리 고작 살아야 백 년

지구 생겨나 인간 생겨나
이어지고 이어진 수억만 년을
어찌 이대로 끊을 수 있겠는가?

삶이 계속되기를 바라는 사람들
어떻게든 지구 건강 지키려 혼불을 켰다

〉
다 같이 힘쓰자 외치는 소리
목이 터져라 외치는 몸부림

지성이면 감천이라
우주를 도는 긍정 바람이 신바람 났으니

지구가 건강 되찾아
사람들 무등 태워 환호하는 날 오면

개구리 선창 따라
수십억 인구의 목청도 찢어질 거야

바람의 말

바람입에서 나온 말
이 동네 저 동네 종횡무진 누비며

지구가 병이 났대요

뿌려진 말은 들을
귀속으로 돌진하고

귀를 연 사람들은
들은 말 곱씹으며

뭐라구?
우리의 터전이 병이 났다고?
땅이 바다로 변하고
생물들도 공해에 죽어 간다고?

같은 별에서 태어나 같은 시간을 살며
기쁨도 슬픔도 골고루 누리며
삶이란 선물이 소중하기 이를 데 없었는데

>
공감으로 하나 된 되새김질이
서둘러 손발을 부르고
지구 살리는 방법에 몰두한다

수시로 잎을 흔들어 바람을 생산하는
푸른 나뭇가지들도 힘을 모았다

설악산 자락에서도 비상을 걸고
푸른바람을 흔들어댄다

지구를 살려야 해
우리 다 같이 서둘러야 해

사람들 애간장이 지구를 살릴 것이다

남과 다른 시 쓰기

소금이 짠맛을 잃으면 소용 없듯
특유 단체가 특유맛을 잃으면
던져지고 말 것이다

남과 다른 시 쓰기는 같은 기차표를 배정받고
짐을 꾸리는 여행객들이다

짐 속엔 지구를 닦아 줄 헝겊과
진통 해열제 상비약이 들어있다

기차가 닿는 곳마다
지구 가족들에게 나누어 주며
지구를 살리자 외칠 것이다

앓고 있는 지구가 병석을 박차고
온전히 지구생물과 하나 될 때까지
남과 다른 시 쓰기는 안아주고 보듬을 것이다

공룡시대 지나 인류가 시작된 지 수억만 년
숱한 우여곡절로 상처투성이 된 지구

\>
우리가 돌보고 치료해 줘야지

소명을 입고 출동한 남다시여!
한눈팔 새 없으니
쉬지 말고 온 힘을 쏟아내자

기차가 종착역에 닿을 때까지
똘똘 뭉쳐 바퀴를 돌려보자

여행이 끝나고
바람도 잦는 날
화사하게 달라진 지구를 타고
행성을 향해 날아봐야지

시감상 | 이서빈

고윤옥 시인의 「올챙이 합창단」은 생명들에 대한 관찰로 경외敬畏로움을 일으켜 무심한 시보를 가고 있는 사람들에게 성찰을 해야 한다는 경고를 하고 있다.

올챙이들이 합창을 한다

지구 살리자 생활습관 돌아보자
상부상조로 잘살아 보자

종알종알 선율은 개구리 되어
한국에서 스웨덴으로
미국 영국 독일 세계로 너울지고

귀밝은 자들은
온난화 막으려 쓰레기 점검에 바쁘다

우리 고작 살아야 백 년

지구 생겨나 인간 생겨나
이어지고 이어진 수억만 년을

어찌 이대로 끊을 수 있겠는가?

삶이 계속되기를 바라는 사람들
어떻게든 지구 건강 지키려 혼불을 켰다

다 같이 힘쓰자 외치는 소리
목이 터져라 외치는 몸부림

지성이면 감천이라
우주를 도는 긍정 바람이 신바람 났으니

지구가 건강 되찾아
사람들 무등 태워 환호하는 날 오면

개구리 선창 따라
수십억 인구의 목청도 찢어질 거야
―「올챙이 합창단」 전문

 주위 환경공해가 심하면 정신 건강에도 해악을 끼칠 뿐 아니라 사람과 사람 사이에도 나쁜 공기가 감돌게 한다. 시인은 '귀 밝은 자들은 온난화 막으려 쓰레기 점검에 바쁘다/ 우리 고작 살아야 백 년// 지구 생겨나 인간 생겨나/ 이어지고 이어진 수억만 년을/ 어찌 이대로 끊을 수 있겠는가?'라고 외치고 있다. 자신의 욕망을 채우기 위해 산업사회로만 치닫는 인간들에게 잠시 멈추고 현실을 직시하라고 목이 터져라 몸부림하고 있다. 시인은「바람의 말」에서도 인간들이 무감각하니 바람의 말을 빌려 '이 동네 저 동네 종횡무진 누비며// 지구가 병이 났대요'라며 긴장감과 충격을 주어도 사람들이 얼마나 무감각이면 시인은 직접적으로 '뭐라구?/ 우리의 터전이 병이 났다고?/ 땅이 바다로 변하고/ 생물들도 공해에 죽어 간다고?'라며 독자들에게 다시 한번 정신 좀 차리라고 안 들리고, 안 보이냐며 정신에 찬물을 끼얹듯 물질만능주의 시대에 피폐되어가고 있는 사람들에게 '같은 별에서 태어나 같은 시간을 살며/ 기쁨도 슬픔도 골고루 누리며/ 삶이란 선물이 소중하기 이를 데 없었는데'라며 시인으로서 시대적 소임을 충실히 하고 있다. 그리고, '지구를 살려야 해/ 우리 다 같이 서둘러야 해// 사람들 애간장이 지구를 살릴 것이다'라고 해야 할 일과 해서 나올 결과까지 당근과 채찍을 주면서 지식이 아닌 지혜를 설파說破하고 있다. 다음 시는 환경을 살리기 위해 모든 걸 뒤로 미루고 오직 환경시를 써서 세계로 뿌리고 있는 시를 쓰는 단체의 이야기를 하고 있다.

    소금이 짠맛을 잃으면 소용 없듯
    특유 단체가 특유맛을 잃으면
    던져지고 말 것이다

    남과 다른 시 쓰기는 같은 기차표를 배정받고
    짐을 꾸리는 여행객들이다

짐 속엔 지구를 닦아 줄 헝겊과
진통 해열제 상비약이 들어있다

기차가 닿는 곳마다
지구 가족들에게 나누어 주며
지구를 살리자 외칠 것이다

앓고 있는 지구가 병석을 박차고
온전히 지구생물과 하나 될 때까지
남과 다른 시 쓰기는 안아주고 보듬을 것이다

공룡시대 지나 인류가 시작된 지 수억만 년
숱한 우여곡절로 상처투성이 된 지구

우리가 돌보고 치료해 줘야지

소명을 입고 출동한 남다시여!
한눈팔 새 없으니
쉬지 말고 온 힘을 쏟아내자

기차가 종착역에 닿을 때까지
똘똘 뭉쳐 바퀴를 돌려보자

여행이 끝나고

바람도 잦는 날
화사하게 달라진 지구를 타고
행성을 향해 날아봐야지
— 「남과 다른 시 쓰기」 전문

  시라는 것이 미사여구만 화려하고 그 시대 정신이 없다면 아무런 의미가 없을 것이다. 스웨덴 환경운동가인 크레타 툰베리는 2019년 유엔본부에서 열린 기후 행동정상회의 연설로 세계적으로 유명해졌고 올해의 최연소 타임지 인물로 선정됐다. 그는 15세에 기후변화에 대해 심각함을 느끼고 환경운동을 시작, 여러 활동을 하고 유엔본부에서 열린 기후 행동정상회담에서 지도자들을 비난했다. 그녀는 북유럽 환경상 후보에 올랐지만 거절했다. '기후변화는 인류에 대한 실존적 위협이며 생존은 회색 영역이 없는 삶과 죽음의 영역이다. 현대문명이 생존하든 아니든 기후변화는 멈춰야 한다. 세계의 제도언론과 각계 사회지도자들은 이에 대해 침묵을 지키고 있으며, 학술연구는 의도적으로 무시되고 있다. 학교 시스템은 이 문제를 해결하는데 큰 의미가 없다. 이대로 가면 인류는 대멸종에 직면하게 되므로, 사람들은 현사회와 그 제도를 적극적으로 거부하고 근본적으로 변화시킬 수 있는 조치를 취해야 한다.'라고 외치면서 지구를 살리기 위해 갖은 애를 쓴다. '남과 다른 시 쓰기' 시인들 역시 지구를 살리기 위해 환경에 대한 시를 써 세계로 전파하고 있으니 곧 지구가 치료 되었다는 좋은 소식이 들려오기를 기대해 본다. 고윤옥 시인의 시 역시 애간장을 태우며 세계로 날아다니면서 지구를 살리자고 간절하게 외치니 지구도 곧 푸르게 푸르게 살아나 고윤옥 시인의 이름처럼 옥빛이 되리라.

바람 외 2편

권 택 용

언행은 봄바람
사색은 가을바람

삶은
봄바람 산들바람 신바람
삭풍 태풍 비바람 피바람 이름을 바꾸며 분다

물처럼 흘러
채우고 비우고 사라지는 바람

같이 웃고 같이 슬퍼해 줄 늘바람

아무리 강하고
아무리 지독한 사연도
지난 뒤엔 쓸쓸바람

바람으로 와 바람으로 돌아가는

덧없는 공허바람
신선 상큼한 새벽바람 아침 콧등이 찡, 맵다

마음을 닦다

함박눈 내리는 밤
소복소복 눈 쌓이는 소리 들린다
그런 밤 나는 혼자서 마음을 연다

배꽃보다도 더 흰
눈꽃을 마음에 저장한다

볼 수도 없고 만질 수도 없는 마음
머리가슴이 아플 때
다려서 홀짝일 것이다

돌도 닦으면 맑아지듯
내 마음도 닦으면 투명해지겠지
마음을 꺼내놓고 벅벅 문질러 닦아본다

홀로 있는 시간은
눈 한 톨도 소중함을 느낀다

마음눈 · 3

소리도 형체도 없이
치밀어 오르는 서름서름한 요것

불이냐 물이냐 안개냐

불이면 끌 것이요
물이면 마실 것인데
불도 아니고
물도 아닌

연애냐
명리냐

이도 저도 아닌
끝없이 치밀어 오는
무엇이 철렁철렁 밀려오는 소리

마음눈은 깜깜한 밤
아무래도 어둠 밝힐 돋보기라도 써야겠다

시감상 | 이서빈

  권택용 시인의 시는 자연에 지대한 관심을 가지고 통찰한 후 이미지화시킨 시다. 돋보기보다 더 세밀한 시력으로 관찰하지 않고는 쓰기 어려운 시다.

  '언행은 봄바람
  사색은 가을바람

  삶은
  봄바람 산들바람 신바람
  삭풍 태풍 비바람 피바람 이름을 바꾸며 분다

  물처럼 흘러
  채우고 비우고 사라지는 바람
  같이 웃고 같이 슬퍼해 줄 늘바람

  아무리 강하고
  아무리 지독한 사연도
  지난 뒤엔 쓸쓸바람

  바람으로 와 바람으로 돌아가는

덧없는 공허바람
　　신선 상큼한 새벽바람 아침 콧등이 찡, 맵다'
　　—「바람」전문

　모든 생물은 바람 없이는 절대로 살 수 없다. 심장이 뛰기 위해서는 어떤 돋보기로도 보이지 않고 아무리 촘촘한 그물로도 잡히지 않는 '바람'이라는 오묘한 것이 있어야만 한다. 바람은 온갖 언행으로 사색으로 태풍으로 천의 얼굴로 둔갑하면서 인간을 살리기도 죽이기도 희롱을 하다가 결국 '바람으로 와 바람으로 돌아가는' 것이며 그 '덧없는 공허바람'이 또다시 신선 상큼한 새벽바람이 되면 콧등이 찡하게 맵다고 말한다. 권택용 시인은 자연에 관한 확실한 관이 서 있어 어떤 것과도 적당하게 타협하지 않고 견고한 의지의 표명으로 자연에 대한 경외敬畏를 관찰자의 특출한 안목과 목소리로 담담하게 이미지화시켜 개성적으로 표현하고 있다. 다음 시에서도 자연에 대해 무심하게 넘어갈 것들을 세심하게 관찰한다.

　　'함박눈 내리는 밤
　　소복소복 눈 쌓이는 소리 들린다
　　그런 밤 나는 혼자서 마음을 연다

　　배꽃보다도 더 흰
　　눈꽃을 마음에 저장한다

볼 수도 없고 만질 수도 없는 마음

머리가슴이 아플 때

다려서 홀짝일 것이다

돌도 닦으면 맑아지듯

내 마음도 닦으면 투명해지겠지

마음을 꺼내놓고 벅벅 문질러 닦아본다

홀로 있는 시간은

눈 한 톨도 소중함을 느낀다'

─「마음을 닦다」 전문

  시인은 온 누리에 더러운 것들을 하얗게 탈색시키는 눈의 숭고함을 보며 자신의 마음도 닦으면 맑아지고 투명해 지리라 믿으며 '마음을 꺼내놓고 벅벅 문질러 닦아본다.' 눈이 내리는 날 마음을 꺼내놓고 닦으면 눈처럼 하얗게 되리라고 그래서 홀로 있으면서 마음을 닦는 일은 눈 한 톨도 소중하게 보는 눈이 생긴다는 철학적 품격을 지닌 사유를 빚어서 시로 엮어내고 있다. 시로 엮어낸 눈은 녹지도 않고 사라지지도 않을 것이다. 13세기 인간의 속세와 운명을 그리스도교적 시각으로 그려낸『신곡』(이탈리아 피렌체 시인 단테)이 21세기인 오늘도 세상을 걸어다니 듯 권택용 시인의 이 생태시도 먼 후일에 신곡이 되어 남기를 기대한다. 지금은 인터페이스를 통해 게임 속을 클릭클릭클릭 손가락 하나로 걷고, 모든 것이 자동이체 되고 있는 시대에 신곡의 걸음은 시대를 뛰어넘어 누가 뭐라든 뚜벅뚜벅 자신만의 세계관을 향해 걸어가고 있다. 손가락으로 세상을 휘젓는 시대를 가다간 생도 모두 저승으로 이체되고 클릭하면 날아가 버리지 않을까 두렵다. 생태계의 중요성을 생각하면 조금 느리고 불편하더라도 어처구니 없는 일이 닥치기 전에 권택용 시인의 시를 일독하면 좋겠다. 조금만 멈추고 주위를 살피면 작금의 일어나는 기후를 읽을 수 있다고 시인은 「마음눈·3」에서는 '소리도 형체도 없이/ 치밀어 오르는 서름서름한 요것// 불이냐 물이냐 안개냐// 불이면은 끌 것이요/ 물이면 마실 것인데/ 불도 아니고/ 물도 아닌'이라고 정체 불명의 변이되는 균들이 출현함에 모두들 눈길을 모아주길 기대하며 자신의 정체성에 대해 턱을 괴고 사유하는 모습이 생생하다. 어떤 경전이나 법전이나 사전에서도 찾아볼 수 없는 또 다른 사유전을 쓰고 있다. 그 사유전이란 지금까지 한 번도 보지 못한 새로운 세상을 펼쳐 보이는 사상의 꽃인 것이다. 이 사유전이 생태계를 살리는 에너지가 되어 사상의 꽃이 만발하고 새로운 꽃길이 열리고 그 꽃길을 전 세계인들이 함께 걸을 수 있길 기대한다.

돌아오지 않는 것들 · 2 외 2편

우 재 호

신음하는 강
늘 살아 바스락거리는 풀숲
세월이 깎은 돌멩이 맨발로 걸어 들어가면
팔랑거리는 은빛 비늘

투명한 물속 들여다보면
크고 탐스러운 새까만 골뱅이들

푸른 대지 망친 내 영혼
서서히 황폐해지듯
등뼈 휜 물고기 떠오른
강도 죽어간다

묵직한 초망 들고 물가에 서면
먹이 오인한 물고기들 주변 몰려들고
넘치는 힘으로 상류 뛰어오른다

붕어, 피리, 메기, 꺽지, 가물치, 미꾸라지
그 많던 물고기들 살던 곳 버리고 떠났다는데
어디가야 그 옛날 붙들어 올 수 있을까?

생각 없이 쓰고 버리는 세제 거품
폐수에 울부짖는 강

그 많던 새들은
반갑다 몰려들던 물고기들은
다들 어디로 떠났을까?

새까맣게 썩은 강가
어린 시절 멱감던 기억들은 어디서
소환할 수 있을까?

지나는 바람한테 물어보니
그걸 몰라 묻느냐
면박 주며 거칠게 휘리릭 지나간다.

지구 떠나야 한다

세계 곳곳 이상기후
사하라 사막 모래 언덕 눈 쌓이고
나이아가라 폭포 꽁꽁 얼어붙었다
강풍, 혹한 폭탄 사이클론 미국
120년 만의 최악 겨울 러시아

해류와 대기 순화로 지구 온도 조절하는
지구 에어컨 북극에 빨간신호등 켜졌다

바다가 열기 흡수하고
빙하 녹으며 발생한 에너지 수증기
기온상승 가속화

최후의 빙하 무너져
주요 도시들 침수되고
섬나라들 가라앉고 있다

바닷물 온도 올라가면 엘리뇨
낮아지면 라니냐
슈퍼태풍 폭염 한파

영구 동토층 탄저균 살아나 떼죽음 일어나고
지진 화산 일으킨다

호킹박사 지구 온난화 티핑포인트 와 있다며
인류 망하지 않으려면 지구 떠나야 한다는데….
어느 별 가서 살 수 있으려나?

끈끈한 협착

새벽이슬을 걷어찬다
유리벽보다 더한 위장술로 몸을 감췄다가
길을 걷는 순간 불쑥 튀어나와
내 몸 휘감는 그것

밤새 쳐놓은 그물에
매번 걸리는 것은 나다

엎질러진 달빛 줄줄이 꿰어
은빛물줄 매달린 목록들

고비마다 발목을 걸고
그물을 당기고
정제되지 않은 욕심들을 옭아매던 거미줄

잠을 눕혀도 악착같이 둘러붙어
팔베개하던 상처들

너무 눈앞의 것만 이용한 것은 아닌지
바람 불고 풀들 흔들리면

거미줄에 악착같이 붙어살아야 하는 바람

내 앞을 가린 거미줄 걷어버리고
줄 끝에 매달린 작은 거미는 다시
나무위에 올려준다

오늘 나는 가느다란 거미줄에
킬리만자로보다 더 높고 무거운
어제를 걸어놓고 왔다

내 발자국을
나를 쉼 없이 따라온 내 그림자를
질기고 질긴 억겹의 아픈 인연을
지우고 싶은 내 과거의 족적들
아무도 없는 산에 홀로 두고 왔다.

시감상 | 이서빈

  '문학이란 어떤 목표와 꿈을 향해서 항해하는가?'에 절반의 성공은 정해졌다고 생각한다. 어떤 일이든지 동기부여는 그래서 중요하다. 사람으로 태어나서 꿈이 없다면 식물인간과 다를 것이 없다. 우재호 시인의 시는 워즈워드의 '좋은 시는 강한 감정이 자연스레 흘러나오는 시'라고 한 말처럼 아주 자연스레 독자들을 향해 지금 시대에 가장 절실함이 어떤 것인가에 대한 강한 감정을 자연스레 표현하고 있다.

  '신음하는 강
  늘 살아 바스락거리는 풀숲
  세월이 깎은 돌멩이 맨발로 걸어 들어가면
  팔랑거리는 은빛 비늘

  투명한 물속 들여다보면
  크고 탐스러운 새까만 골뱅이들

  푸른 대지 망친 내 영혼
  서서히 황폐해지듯
  등뼈 휜 물고기 떠오른
  강도 죽어간다

묵직한 초망 들고 물가에 서면
먹이 오인한 물고기들 주변 몰려들고
넘치는 힘으로 상류 뛰어오른다

붕어, 피리, 메기, 꺽지, 가물치, 미꾸라지
그 많던 물고기들 살던 곳 버리고 떠났다는데
어디가야 그 옛날 붙들어 올 수 있을까?
생각 없이 쓰고 버리는 세제 거품
폐수에 울부짖는 강

그 많던 새들은
반갑다 몰려들던 물고기들은
다들 어디로 떠났을까?

새까맣게 썩은 강가
어린 시절 멱감던 기억들은 어디서
소환할 수 있을까?

지나는 바람한테 물어보니
그걸 몰라 묻느냐
면박 주며 거칠게 휘리릭 지나간다.'
―「돌아오지 않는 것들」전문

시대를 초월해 존경과 신뢰를 받는 미국 문화에 정신적 지주, 랄프 왈도 에머슨은 「자기 신뢰」에서 '길이 이끄는 곳을 가지 말라. 대신 길이 없는 곳을 가서 자취를 남겨라.'라고 한 말을 아주 잘 증명해 주는 시다. 모든 것이 간편해지고 하루하루도 돌아보지 못하는 시대에 '옛 시절 소환할 수 있을까?/ 지나는 바람한테 물어보니/ 그걸 몰라 묻느냐/ 면박 주며 거칠게 휘리릭 지나간다.' 현대 시대에 역설적인 말이지만 시인은 굽히지 않고 자신의 길로 뚜벅뚜벅 걸어가며 시를 쓴다. 시인의 시에서 위급한 사이렌 소리가 난다. 그만큼 환경 문제가 시급해 '지구를 떠나야 한다.'라고 외친다.

    세계 곳곳 이상기후
    사하라 사막 모래 언덕 눈 쌓이고
    나이아가라 폭포 꽁꽁 얼어붙었다
    강풍, 혹한 폭탄 사이클론 미국
    120년 만의 최악 겨울 러시아

    해류와 대기 순화로 지구 온도 조절하는
    지구 에어컨 북극에 빨간신호등 켜졌다

    바다가 열기 흡수하고
    빙하 녹으며 발생한 에너지 수증기
    기온상승 가속화

최후의 빙하 무너져
주요 도시들 침수되고
섬나라들 가라앉고 있다

바닷물 온도 올라가면 엘리뇨
낮아지면 라니냐
슈퍼태풍 폭염 한파
영구 동토층 탄저균 살아나 떼죽음 일어나고
지진 화산 일으킨다

호킹박사 지구 온난화 티핑포인트 와 있다며
인류 망하지 않으려면 지구 떠나야 한다는데….
어느 별 가서 살 수 있으려나?
―「지구를 떠나야 한다」 전문

  랄프 왈도 에머슨은 '자기 신뢰'에서 '너를 너 밖에서 구하지 말라. 인간은 자기 자신의 별이다. 또한, 정직하고 완벽한 인간이 될 수 있는 영혼이며, 모든 빛과 영향력과 운명을 통제한다. 인간에게는 일찍 떨어지는 것도 없고, 너무 늦게 떨어지는 것도 없다. 우리의 행동, 우리의 천사 혹은 선과 악은 우리 곁을 조용히 걷는 운명의 그림자이다. 한 사람이라도 자신부터라고 너를 밖에서 구하지 말라고 인간은 자기 자신의 별이다.'라고 한 말을 내면에 현현한 사유를 꺼내 지구와 생명 존재를 하나의 동일체로 '인류 망하지 않으려면 지구 떠나야 한다는데…. / 어느 별 가서 살 수 있으려나?' 하고 소멸로 치닫고 있는 지구라는 양수 속 인류를 걱정한다. 시인만이 내다볼 수 있는 통찰의 위대함이 각성으로 전율되어 온다. '끈끈한 협착' 또한 '밤새 쳐놓은 그물에/ 매번 걸리는 것은 나다/ 엎질러진 달빛 줄줄이 꿰어/ 은빛물줄 매달린 목록들// 정제되지 않은 욕심들을 옭아매던 거미줄' 역시도 '나 자신의 생각을 믿는 것, 내가 옳다고 생각하는 것이 누구에게나 옳다고 믿는 것, 이것이 천재성이다. 마음속에 있는 신념을 거침없이 말하라. 그러면 언젠가는 그것이 보편적인 생각으로 인정받을 것이다. 가장 안쪽에 있는 것도 때가 되면 가장 바깥쪽이 되기 때문이다. 자신을 믿어라. 사람들은 그런 강한 신념에 감동한다. 위대한 인간들은 항상 그렇게 살았다. 모든 존재를 통해 자신의 모습을 드러냈다.'라는 랄프 왈도 에머슨의 말에 쐐기를 박는 시다. 자신을 위한 길이 아닌 인류를 위해 붓끝이 뭉툭해지도록 쓰는 우재호 시인의 시가 세계 환경을 지키는 훌륭한 파수꾼으로 인류 삶의 방향을 지시하는 좌표란 것을 하늘과 땅이 알고 세계인들이 알아줄 날이 반드시 오리라 믿는다.

몽상가의 몽상 외 2편

이 정 화

냄새도 색깔도 감추고
살금살금 기어들어 심장이나 뇌에 치명상 입히는 연탄가스

산불의 열기
가벼운 공기 제트 기류 타고 일산화탄소 뿜어낸다

갈수록 뜨거워지는 폭염은
대지를 장작처럼 바싹 말려 목숨을 위협한다

메뚜기 떼가 케냐 인구 전체가 먹을
하루 치 식량 먹어치우고
산 들 나무 동식물 오염으로 염색하고 있다

균들은 서로 협조해 인간을 공격할 것이다
인간이 쓰고 함부로 버린 대가
균들이 태어날 환경을 만들고 있다

소똥 위 마른풀 깔고 소가죽 덮고 밀집된 공간
질병 감염 무방비 상태 노출된 아이들

\>
균들이 공기 중에 커다란 입 벌리고 혀 날름거리고
아침마다 공기 오염 물결 출렁이게 하고
언젠가 우리들 몰래 공간을 야금야금 먹어 지구를 모두 정복해

인간 내쫓고 균들이 삶의 터전 잡을 때
인간은 인간의 소리를 거두고 조용히 사라져야 할지도

까치가 위험하다

아침까치 울면 반가운 손님 온다며 반겼던 까치
쫓아내고 덫 놓고 약 놓아 죽인다

나무 꼭대기 아슬아슬 까치둥지
숭고한 대우를 받던 까치
이제는 달라졌다

농토 오염되고 먹이 줄고
힘겹게 지은 집 단 몇 초만에 허물어지는 비정한 세상

도시로 도시로 밀려나
전봇대 위 집을 짓던 까치
단란한 삶 물거품으로 날아가고
공포 세상 두려워 바들바들 떨며
또 다른 집터 찾아 날아간다.

어미 찾는 새끼울음
새끼 돌보는 어미울음

약한 새끼 살기 어렵고 강한 새끼만 살아난다

\>
까치의 먹이 개구리
고양이 훔쳐 갈까 커다란 나뭇잎이불 아래 숨긴
눈칫밥으로 허기 면한다

쓰레기 매립장은 까치들 사냥터
먹이 부족에 시달리는 까치에게
왜가리도 까마귀도 싸움 상대가 되지 않는다

자신이 태어난 둥지에서 멀리 벗어나지 않는 새
텃새가 쫓겨나면 어디로 갈까?

하늘금고

하늘금고에는 바람이 저장되어 있다

요술 주머니처럼 꺼내면 술술술
끝없이 나오는 바람

곱슬머리바람
춤바람
치맛바람
팝에서 재즈로 그리고 트로트바람으로
이리저리 잘도 몰려다닌다

베고 누워도 붙잡고 껴안아도
바람은 오래 머무르는 법 없다

바람은 날개를 달고
젊음을 피우고 별빛을 피우고
달빛을 피우고 마음꽃 피우며
온 세상을 돌아다닌다

흘러가는 바람 눈물에 젖어

어둠이 흘러내리는 소리

나무들 허공 흔드는 소리에
하늘금고의 문이 열리고
세상을 떠돌던 바람 가두는 소리 찰칵,

금고는 새로운 세상의 신바람을 고민한다
오염된 바람을 새바람으로 걸러내기 위해

시감상 | 이서빈

　모든 것이 불확실한 시대다. 하루가 다르게 새로운 무엇이 태어나고 사라지는 고독이나 슬픔마저 인지할 시간도 없는 시대이니 정신적인 것은 이정화 시인의 「몽상가의 몽상」 같은 시간을 보내며 '냄새도 색깔도 감추고/ 살금살금 기어들어 심장이나 뇌에 치명상 입히는 연탄가스'에 취해 살아가고 있는지도 모른다.
　삶의 절제미도 없고 미덕도 사라지고 오로지 욕망만 가득한 사회가 된 듯하다. 세계를 물의 내장 들여다보듯 앉아서 환하게 들여다볼 수 있어 사람들은 육체에겐 맛난 것 몸에 좋다는 것 찾아다니면서 먹고 과식을 하고 소화제를 먹고 미련을 떨면서 정신에는 한 달에 한 권의 책도 먹이지 않는다. 몸은 비대해지고 정신은 바싹 말라 주름이 쭈글쭈글해진 가분수가 되었다. 이렇게 몸과 육이 균형이 맞지 않으면 결국 몸도 마음도 언젠가 다 무너지기 마련이다. 그 부작용이 우리 사회마저 무너뜨리지 않을까? 걱정스럽다. 그 결과 오로지 욕망 묘목만 심어서 '갈수록 뜨거워지는 폭염은/ 대지를 장작처럼 바싹 말려 목숨을 위협한다// 메뚜기 떼가 케냐 인구 전체가 먹을/ 하루 치 식량 먹어치우고/ 산 들 나무 동식물 오염으로 염색하고 있다// 균들은 서로 협조해 인간을 공격할 것이다/ 인간이 쓰고 함부로 버린 대가/ 균들이 태어날 환경을 만들고 있다// 소똥 위 마른풀 깔고 소가죽 덮고 밀집된 공간/ 질병 감염 무방비 상태 노출된 아이들//

균들이 공기 중에 커다란 입 벌리고 혀 날름거리고/ 아침마다 공기 오염 물결 출렁이게 하고/ 언젠가 우리들 몰래 공간을 야금야금 먹어 지구를 모두 정복해// 인간 내쫓고 균들이 삶의 터전 잡을 때/ 인간은 인간의 소리를 거두고 조용히 사라져야 할지도' 모른다고 시인은 깊은 사유로 인간의 존엄성을 지킬 좌표를 제시하며 경고를 펄럭인다. 다음 시 「까치가 위험하다」에서도 환경을 죽이는 인간의 이기적인 행패를 고발하는 시다.

'아침까치 울면 반가운 손님 온다며 반겼던 까치
쫓아내고 덫 놓고 약 놓아 죽인다

나무 꼭대기 아슬아슬 까치둥지
숭고한 대우를 받던 까치
이제는 달라졌다

농토 오염되고 먹이 줄고
힘겹게 지은 집 단 몇 초만에 허물어지는 비정한 세상

도시로 도시로 밀려나
전봇대 위 집을 짓던 까치
단란한 삶 물거품으로 날아가고
공포 세상 두려워 바들바들 떨며
또 다른 집터 찾아 날아간다.

어미 찾는 새끼울음

새끼 돌보는 어미울음

약한 새끼 살기 어렵고 강한 새끼만 살아난다

까치의 먹이 개구리

고양이 훔쳐 갈까 커다란 나뭇잎이불 아래 숨긴

눈칫밥으로 허기 면한다

쓰레기 매립장은 까치들 사냥터

먹이 부족에 시달리는 까치에게

왜가리도 까마귀도 싸움 상대가 되지 않는다

자신이 태어난 둥지에서 멀리 벗어나지 않는 새

텃새가 쫓겨나면 어디로 갈까?'

―「까치가 위험하다」 전문

  이 시는 누가 보더라도 잘 익은 바람과 활짝 핀 향기, 하늘땅 경계를 지우는 새들이 풍부한 삶을 살게 해주며 함께 살아야 한다는 정신을 갈아서 그린 풍경화다.
  「하늘금고」에서는 '하늘금고에는 바람이 저장되어 있다/ 요술주머니처럼 꺼내면 술술술/ 끝없이 나오는 바람// 곱슬머리바람/ 춤바람/ 치맛바람/ 팝에서 재즈로 그리고 트로트바람으로/ 이리저리 잘도 몰려다닌다'라면서 '금고는 새로운 세상의 신바람을 고민한다/ 오염된 바람을 새바람으로 걸러내기 위해'라고 인간이 미처 생각지 못했던 부분을 짚어준다. 아주 냉혹한 사상을 가진 영국의 시인 셀리는 '사물 간의 지금까지 알지 못했던 한계를 우리에게 발견시켜주는 존재가 시인'이라고 한 말을 아주 잘 보여준 시다. 1990년부터 유럽에서 매년 에코 토피아('에콜러지ecology:생태계'와 '토피아topia:지역') 행사를 벌이고 있다. 에코 토피아는 미국 작가 어니스트 칼렌버의 소설 『에코 토피아 리포트(1975)』가 그 어원이다. 미국 내에 탄생한 인구 1천 500만 명의 독립국 '에코 토피아'에서 자연과 화합하여 살아가는 유토피아를 그린 이 작품에서 작가는 성과 인종, 빈부, 나이에 차별을 두지 않는 평등한 세상을 꿈꾸고 있다. 이 정신을 본받아 시작된 이 행사에 참여하는 젊은이들은 핵발전 반대 운동, 유전자 조작 식품 반대 운동 등을 벌이면서 해마다 국가를 바꿔가면서 보름 동안 정보를 공유하는 집단생활을 한다. 이 행사의 핵심은 각국에서 모여드는 참가자들이 비행기나 기차, 자동차와 같이 오염을 유발하는 교통수단을 피해 오직 자전거만 타고 온다는 사실이다. 그들은 인스턴트 식품을 거부하고 유기농 식품만을 고집하며 화장실도 스스로 만든 재래식 화장실을 사용한다. 시는 문학이다. 정신을 갈아 쓴 산물이다. 이 시를 읽고 한 시대를 살기 좋은 에코 토피아를 만드는 일에 모두 동참하기를 염원해본다.

4부

건널목 외 2편

글 빛 나

밤새 대지를 뒤흔드는
천둥 번개

윗집아기 울음소리 삼키고
초목 꺾고 지축 흔들며
지구 신음까지 삼켜버릴 듯
아우성치는 집중호우

확,
쓸어가라
환경오염 온난화 핵무기
다,
싹 쓸고 떠나거라

넋 나간 마음 후려치는 빗줄기
햇살 한 줌 덮어
물뱀 겨드랑이 간지럼 태워 볼까?
발가락 비집고
빠져나가는 혓바닥

\>
남은 숨 쏟아내는 파란신호등
몰골이 끔뻑거리고
빗물 빼곡한 바짓가랑이가
철철벅벅
철벅철벅
초록우산 건널목 뛰어간다

어제를 건너오고 오늘도 건너고 내일을 건너갈
건널목

지구역

바람 한 무리 그림자 흔들어댄다

잠자던 바람을 깨우는 가지들
소리가 빠져나간 바람집은 텅 비고

주름꽃 자리마다 뒹구는 소용돌이
향기를 떼로 몰아낸다

초록바람은 초록물소리 만들 수 있을까?

세상 모든 만물은 사글셋방
배고픈 손톱에 뜬 초승달
쓰라린 허기
누구도 피해갈 수 없는 지구역

휘청거리는 모래알들
독감처럼 나른한 부표가 부르는 생
모래알만큼도 머무르지 못하는 생
모두 지구역에 모여 떠날 차례를 기다리고 있다.

한도 초과

겨우내 얼었던 찬기운 바람이 걷어내자
꽃들이 온봄을 장악했다

따스한 시간을 퍼나르며
물소리마저 파랗게 살을 올리다
봄을 초과하면 여름으로 넘어가고
여름 초과하면 가을

그렇게 지구 저편으로 계절을 밀어내는 바람

아무도 바람을 거역하거나 이긴 적 없다
한도를 초과한 생은 가차 없이
다른 세상으로 이전시키는

현을 켜는 이도
모란꽃도 선덕여왕도 황모시나비도
모두 바람의 소관所管이다

바람 전원을 끈다는 말은 곧 죽는다는 말
나무마다 조등照謄이 환하게 켜졌다
영혼이 풀려나 보다

시감상 | 이서빈

    덴마크 심리학 교수 스벤 브링크만이 쓴 『절제의 기술』이란 책은 삶의 갈증이 생길 때 철학 하기에 좋은 책이다. 그는 사회에 의미 있는 통찰을 준 대중 지식인에게 수여하는 권위 있는 상인 '로젱크예르상'을 수상할 만큼 통찰력으로 세상을 꿰뚫어 보는 사람이다. '진정한 행복은 절제에서 나온다.'라는 괴테의 말로 시작해서 '자기 절제는 우리가 마주한 현실을 토대로, 어깨에 놓인 책임을 기꺼이 짊어진 채 최선의 삶을 살아내기 위한 필요조건'이라고 삶의 가장 기본 원칙이 자신뿐 아니라 사회에도 더 나아가서 지구에도 좋은 영향을 미친다는 말이다. 아무리 좋은 차와 좋은 집도 시간이 지나면 원래 상태로 돌아간다. 그는 계속 더 행복해질 수 있다는 오늘날 행복 산업을 '당신이 성취하게 될 멋진 일들을 상상해 보라'고 말한다. 글빛나 시인이 성취하게 될 멋진 일인 인류 전체를 위한 상상을 하면서 쓴 환경시 「건널목」을 함께 건너보자.

    '밤새 대지를 뒤흔드는
    천둥 번개

    윗집아기 울음소리 삼키고
    초목 꺾고 지축 흔들며

지구 신음까지 삼켜버릴 듯
아우성치는 집중호우

확,
쓸어가라
환경오염 온난화 핵무기
다,
싹 쓸고 떠나거라

넋 나간 마음 후려치는 빗줄기
햇살 한 줌 덮어
물뱀 겨드랑이 간지럼 태워 볼까?
발가락 비집고
빠져나가는 혓바닥

남은 숨 쏟아내는 파란신호등
몰골이 끔뻑거리고
빗물 빼곡한 바짓가랑이가
철철벅벅
철벅철벅
초록우산 건널목 뛰어간다

어제를 건너오고 오늘도 건너고 내일을 건너갈
건널목'
—「건널목」전문

이 시는 스벤 브링크만의 '우리가 그 자체로 가치 있는 무언가를 바랄 때, 그 대상은 그 자체로 온전한 한 가지가 된다.'라는 말처럼 생각의 길이를 길게 늘리고 생각의 깊이를 깊이 파서 생각하고 이해하고 깨달으라는 시다. 과연 21세기를 살아가는 우리는 어떤 삶을 살고 있는가? 소크라테스가 말한 '검토된 삶'을 조금이라도 생각한다면 갈수록 욕망 실현에 박차를 가하면서 '혼밥' '혼술'로 갇혀서 넓히려는 것에서 헤어나 욕망 껍질을 벗기고 '함께'라는 자유의 날개를 달고 푸른 하늘을 훨훨 날 수 있지 않을까? 다음 시「지구역」을 향해 함께 가보자.

'바람 한무리 그림자 흔들어댄다

잠자던 바람을 깨우는 가지들
소리가 빠져나간 바람집은 텅 비고

주름꽃 자리마다 뒹구는 소용돌이
향기를 떼로 몰아낸다.

초록바람은 초록물소리 만들 수 있을까?

세상 모든 만물은 사글셋방
배고픈 손톱에 뜬 초승달
쓰라린 허기
누구도 피해갈 수 없는 지구역

휘청거리는 모래알들
독감처럼 나른한 부표가 부르는 생
모래알만큼도 머무르지 못하는 생
모두 지구역에 모여 떠날 차례를 기다리고 있다.'
―「지구역」전문

　아무리 욕심을 부려봐야 모든 것은 이 세상에 와서 사글셋방에 살다 만기가 되면 집뿐 아니라 그렇게 아등바등 평생을 안 쓰고 모은 세간살이까지 다 반납하고 가야 하는 누구도 피해갈 수 없는 지구역에서 떠날 차례를 기다리고 있을 뿐임을 우리 지구촌 사람들이 모두 인지했으면 좋겠다는 말이다. 「한도 초과」가 되기 전에 '아무도 바람을 거역하거나 이긴 적 없다/ 한도를 초과한 생은 가차 없이/ 다른 세상으로 이전시키는' 이 세상에서 잠시 빌려 쓰는 카드도 한도초과가 되면 쓸 수 없듯이 '바람 전원을 끈다는 말은 곧 죽는다는 말'이다. 지구가 전원을 끄기 전에 우리 모두 환경을 살려내서 '나무마다 조등照謄이 환하게 켜졌다/ 영혼이 풀려나나 보다'라고 손뼉을 치며 깔깔 껄껄 웃으며 '좋은 삶을 살고 있는가?'라는 스벤 브링크만의 질문에 '예스'라고 자신 있게 말해 자연에서 푸른바람과 새들의 노래가 아침을 열고 개구리울음이 밤잠을 덮어주는 세상을. 이 시를 읽은 지구촌 모든 사람이 함께 만들어가기를 간절히 염원하는 시다. 그 염원이 하늘과 땅과 공중에 닿아 훨훨 날아다니길 기대한다.

바람의 부탁 외 2편

글 로 별 (본명 : 김일순)

만년 설원은 어느 지구의 말인가?

설원의 맥박들은 흔적없이 사라지고
건기 가득한 하루하루
인간들 설원조차 지구상에서 사라짐 두려워하고
신성하게 모셔야 하지 않을까?

만물의 영장
상식이 된 때부터
산, 들, 바다 휘뚜루마뚜루 망쳐
지구 열병 일으키고
열꽃 번진 설원 빙하속에 집을 짓고 살던
바이러스 새떼처럼 날아오른다

홍수 산불 가뭄 태풍 폭설…
지구에 물기는 말라가고
잔인한 봄 피어 지천을 물들인다

이속 저속 다 아는 바람
인간에게 지구울음소리 멈출 중재를 부탁한다

숲 키우는 청설모

휘청휘청 잣나무 꼭대기 휘어잡으며
바람 일으키는 청설모

이 빠진 잣송이 툭, 떨어진다
쪼르륵 산돌 밑 여기저기 저장한 양식
까마귀 까치에게 털리고
깜깜하던 청설모 창고에 봄이 싹튼다

청설모꼬리 붓이 되어
총보다 더 강한 무기되어
세상 지면을 휘어잡는다

수척한 청설모 큰 나무꼭대기 올라
흔들흔들 바람키우고
봄 여름 가을 겨울 키우던 옛시절이 떠오르면
검은눈물 뚝뚝 떨구며 계절을 까맣게 먹칠한다

나무와 나무 사이 바람같이 몸을 날리는 청설모
추운 겨울 하얗게 핀 슬픔을 모아
계절을 기르고 있다

\>
아무리 춥다해도
청설모의 모정을 이기지 못한다

우물쭈물 사이

삼복더위 한가운데서
헤진 밀짚모자 밭고랑 땡볕을 줍는다

오랜 가뭄이 굳힌 땅
구멍구멍 물 주고 모종한 김장배추
고개를 축 늘이고
잡초근성 농부 숨 턱턱 막는 열기

느티나무 정자 그늘을 덮고 눕는다
푸른잎 사이로 빛살 날아든다
옹이 박히고 비틀어진 손 밭고랑을 외면하는 사이
잎새 노랫소리 푸른그늘을 흔든다

총 맞고 벼락 맞아 한쪽 가지 잘린 자세로
몇백 년째 동네를 지켜주는
느티나무
정확하지 않은 탄생연대기
비석에 새겨진 글씨조차 희미한데

바람도 구름도 느티나무 꼭대기에 쉬어가고

가고오고 오고가며

우물쭈물하는 사이
해가 지고 달이 뜨고
수많은 엉덩이가 쉬어가고
나이가 왔다간다

계절을 지키는 파수꾼 숲에게 경례를 해본다

시감상 | 이서빈

  글로별 시인(본명. 김일순)의 시는 병든 세상을 정화하고 구하려는 따뜻한 마음이 충만한 시다. 아무리 탁월한 언어 감각과 상상력이 풍부한 시라고 하더라도 그 시대 정신을 배반한 시들은 오래도록 사람들의 기억에 남지 않을 수도 있다. 그런 면에서 본다면 글로별 시인의 시는 시 정신이 뚜렷해 누구도 거부하거나 터부시 하지 못할 것이다. 남들이 가지 않은 새로운 등로를 개척하면서 새롭고 낯선 것들을 발견해 세상 사람들에게 알리는 시인의 시길을 따라가본다.

  '만년 설원은 어느 지구의 말인가?

  설원의 맥박들은 흔적없이 사라지고
  건기 가득한 하루하루
  인간들 설원조차 지구상에서 사라짐 두려워하고
  신성하게 모셔야 하지 않을까?

  만물의 영장
  상식이 된 때부터
  산, 들, 바다 휘뚜루마뚜루 망쳐
  지구 열병 일으키고

열꽃 번진 설원 빙하속에 집을 짓고 살던
　　바이러스 새떼처럼 날아오른다

　　홍수 산불 가뭄 태풍 폭설…
　　지구에 물기는 말라가고
　　잔인한 봄 피어 지천을 물들인다

　　이속 저속 다 아는 바람
　　인간에게 지구울음소리 멈출 중재를 부탁한다'
　　—「바람의 부탁」전문

　얼마나 답답하면 바람이 인간에게 지구울음소리 멈출 중재를 부탁할까? 이보다 더 애틋한 기도가 이 지구상에 있을까? 지구 사랑에 대한 최상급의 예술적 표현이다. 다음 시「숲 키우는 청설모」를 보자.

　　'휘청휘청 잣나무 꼭대기 휘어잡으며
　　바람 일으키는 청설모// 나무와 나무 사이 바람같이 몸을 날리는 청설모
　　추운 겨울 하얗게 핀 슬픔을 모아
　　계절을 기르고 있다
　　아무리 춥다해도
　　청설모의 모정을 이기지 못한다'.

자연 사물을 잘 관찰해 견고하고 생동적인 상황을 문장과 통찰력으로 잘 표현한 시다. 잘 짜여진 그물처럼 탄력적이고 금방 걸린 물고기의 싱싱한 펄떡임 같은 이 시는 주술사적 이미지를 그리고 있다. 추운 겨울 하얗게 핀 슬픔을 모아 계절을 기르는 청설모의 모정, 이 간절한 주술을 누가 이기겠는가? 시인이 이 모정 같은 마음으로 생태계를 살려보자고 외치는 시에 모두 옷깃을 여미고 귀를 기울여야 하지 않을까?

'삼복더위 한가운데서
헤진 밀짚모자 밭고랑 땡볕을 줍는다

오랜 가뭄이 굳힌 땅
구멍구멍 물주고 모종한 김장배추
고개를 축 늘이고
잡초근성 농부 숨 턱턱 막는 열기

느티나무 정자 그늘을 덮고 눕는다
푸른잎 사이로 빛살 날아든다
옹이 박히고 비틀어진 손 밭고랑을 외면하는 사이
잎새 노랫소리 푸른그늘을 흔든다

총 맞고 벼락 맞아 한쪽 가지 잘린 자세로
몇백 년째 동네를 지켜주는
느티나무

정확하지 않은 탄생연대기
비석에 새겨진 글씨조차 희미한데

바람도 구름도 느티나무 꼭대기에 쉬어가고
가고오고 오고가며

우물쭈물하는 사이
해가 지고 달이 뜨고
수많은 엉덩이가 쉬어가고
나이가 왔다간다

계절을 지키는 파수꾼 숲에게 경례를 해본다'
―「우물쭈물 사이」 전문

  지구의 심장은 누구를 위해 무엇을 위해 뛸까? 광막하고 치열한 삶의 자본주의 시대에서 절박한 시적 과업은 이제 이 시대 모든 사람에게 비워서 채워야 하는 법을 말한다. 지구의 아픔과 고통을 생명력 있는 언어로 호소력 있고 차분하게 그려내며 자본만 보고 달려가는 시대에 슬픔이 소비되고 소외가 깊어가고 개탄이 난무하는 때에 자연으로 눈을 돌려 환경을 걱정하는 마음으로 끊임없는 성찰과 진정성 깊은 심연속으로 안내하며, 우주 대자연 섭리와 일치해야 미래가 있다는 걸 그래야만 바람도 구름도 느티나무 꼭대기에 쉬어가고 가고오고 오고간다고 자연의 문양들을 명징한 이미지로 선명하게 그려낸 시다. 헤르만 헤세가 쓴 『데미안』에서 싱클레어는 데미안이 세상을 떠나면서 한 말을 기억하며 말했다.

'싱클레어, 나는 떠나게 될 거야. 너는 어쩌면 다시 한번 나를 필요로 하겠지. 하지만 그럴 때 네가 나를 부르면 이제 난 달려오지 못해. 그럴 땐 네 안의 소리에 귀를 기울여야 해. 그러면 알아차릴 거야. 내가 네 안에 있다는 것을.' 푸른숲들이 허공에 푸르게 흔들리고 그 사이에서 노래와 춤과 삶이 어우러지고 푸른 숨을 쉴 수 있으려면 지금 멈추고 다시 돌아보는 시간을 가져야 한다는 외침을 듣지 못하면 지구는 우리를 떠날 것이고 어쩌면 그때 인간은 다시 머리 조아리고 후회하겠지만 그럴 때 지구는 우리에게 말할 것이다. 이제 난 달려오지 못해. 그럴 땐 네 안의 소리에 귀를 기울여야 해. 그러면 알아차릴 거야. 내가 네 안에 있다는 것을. 글의 힘은 불가능을 가능으로 바꾼다. 이 시가 지구촌 생태계를 회복하는 단초端初가 되어 제발 저렇게 지구에게 당하기 전에 정신을 차리는 계기가 되길 기대한다.

장미향기를 쓸다 외 2편

이 옥

바람이 장미향기를 쓸고 있다

향기에 취해 새떼가 날아오른다

물배추 부레옥잠 물고기 지느러미
한 겹 한 겹 꽃물결로 출렁일 때
똘방한 눈알 떼록떼록 굴리며
봄을 곱게 물들이는 것들

턱을 괴고 물멍하다 보면 보이는 것은 다 꽃이 된다

유유히 손가락 사이 지나 돌아다니는 꽃내음
하늘 높이 치솟아
잠자는 곤충 흔들어 깨운다

흐드러지게 리듬 맞춰 너훌너훌 춤추는 벌나비
향기이랑마다 흥이 출렁인다
만발한 흥바람 출렁이는 만큼 솟아나는 빛깔

향기 쓸어내고 온 더위

계절속으로 사라진 시간
더위가 달려와 찬물을 벌컥벌컥 들이키고 있다

하루를 출렁출렁 건너가는 다리가 되어준 장미향기
쓸어낸 바람향기 몸속에 파고들었는지
내 몸에 장미향이 폴폴 날아다닌다

전 인류가
향기 가득한 지구 지켜낼 방법을 생각하는 시간이었음 좋겠다

하얀까마귀

깃털 사이 달빛 부스스 잠을 턴다

겨울이 얼어붙은 빈 들녘
몇 모금의 진실을 찾는 부리는 목을 구부린다

일탈을 쪼는 아침햇살 푸드득
떼로 몰려왔다 몰려가는
날개 사이로 산허리가 미끄러져 나간다

높은 곳에 앉기를 원하는 까마귀
하나둘 지하로 묻히는 전선

꽁지 빠진 하루
새울음 검은행렬로 공중을 항해한다

날마다 자라나는 바람소리 비행운에 걸려
우여우여 소리쳐도 달아날 줄 모르고
높이 날다 내려와도 잡히지 않는 하루하루

통 씻지를 못했는지 영락없는 까마귀촌

낭패다
매초롬한 입술 밀어 올리는 까마귀
까까 까 울음 날려 보내고 마귀손이 된다

오선지에 앉아 작곡하는 달빛
종일 먼산바라기 하며 전깃줄을 늘어뜨리는 햇빛

늘어진 무게를 털어내며
까만깃털 하얗게 말리는 백로

세상도 백로처럼 하얗게 탈색해
새들이 맘껏 날 수 있는 환경이 올까?

바람전설

방심으로 능력을 착지시킬 수 있을까

바람을 건조시키는 계절
밖으로 나오지 못한 말은 다 어디로 갔을까
가두었다 풀었다 몸부림을 매달고 있는 등성마루

말의 품격은 타협을 물색할 줄 알아
맞장구로 달빛을 납작하게 만들고
바람결에 따라 물들이는 말의 편견

채찍을 넘기며 항상 앞질러 가
탈선 방치하며 편견을 늘리는 상처바람
진심 꺾이는 소리에 히이힝 히이힝

자연을 되살리고 있는 용오름 전설 자라고 있을까

입밖으로 추방되자마자
가시가 되어 쏜살같이 달리는 천리風
세상을 돌아다니는 주인 잃은 고삐

>
편견을 판독하는 풍향계
말 없는 대항으로 천리마는 얼빠지고
햇살 없는 낮을 항의하는 말총
갈기 없는 말소리에 묻어있는 **뻣뻣한 털**
되로 주고 말로 받다 바람은 툭툭 떨어질까?

멀리 있는 위험도 감지하는 바람전설
동면시키고 있는 순발력과 민첩성

장화 신은 말을 보존하며 대를 이어갈 수 있을까?

시감상 | 이서빈

문학의 영향력으로 좀 더 나은 세상, 생태계가 건강해지는 계기가 되었으면 한다. 문명 발달로 문학의 자리는 점점 좁아질 뿐 아니라 자칫 인간의 품격을 망가뜨리거나 함께 살아가야 하는 존재의 가치를 파괴하는 비극이 되어가고 있는지도 모른다. 이옥 시인의 「장미향기를 쓸다」를 보자. '바람이 장미향기를 쓸고 있다/ 향기에 취해 새떼가 날아오른다'. 이 얼마나 아름다운 문구인가? 시를 쓴다는 것은 자신의 내면에 끓어 넘치는 끼를 밖으로 표출하기 위해 쓰는 경우도 있고 자연으로부터의 선물을 보는 것만으론 부족해 시로 쓰지 않고는 살아갈 수 없어 쓰는 예도 있고 여러 가지 이유로 시를 쓴다. '턱을 괴고 물멍하다 보면 보이는 것은 다 꽃이 된다/ 유유히 손가락 사이 지나 돌아다니는 꽃내음/ 하늘 높이 차솟아/ 잠자는 곤충 흔들어 깨우'고 시인의 몸에까지 장미향이 폴폴 날아다닌다. 이 향기가 비에 젖어 화르르 지지 않고 구불구불 오래 흐를 수 있도록 '전 인류가/ 향기 가득한 지구 지켜낼 방법을 생각하는 시간이었음 좋겠다'고 고차원적인 은유로 바람이 불어 꽃등이 조등이 되지 않도록 지구를 지켜내야 한다고 말한다. 시인의 곱고 예쁜 얼굴처럼 마음씨 역시 장미 냄새가 폴폴 날아오른다. 다음 시 「하얀까마귀」시 넝쿨을 걷어내 본다.

'깃털 사이 달빛 부스스 잠을 턴다

겨울이 얼어붙은 빈 들녘/ 몇 모금의 진실을 찾는 부리는 목을 구부린다

일탈을 쪼는 아침햇살 푸드득
떼로 몰려왔다 몰려가는/ 날개 사이로 산허리가 미끄러져 나간다

높은 곳에 앉기를 원하는 까마귀/ 하나둘 지하로 묻히는 전선

꽁지 빠진 하루/ 새울음 검은행렬로 공중을 항해한다

날마다 자라나는 바람소리 비행운에 걸려
우여우여 소리쳐도 달아날 줄 모르고/ 높이 날다 내려와도 잡히지 않는 하루하루

통 씻지를 못했는지 영락없는 까마귀촌/ 낭패다
매초롬한 입술 밀어 올리는 까마귀/ 까까 까자를 날려 보내고 마귀손이 된다

오선지에 앉아 작곡하는 달빛/ 종일 먼산바라기 하며 전깃줄을 늘어뜨리는 햇빛 늘어진 무게를 털어내며/ 까만깃털 하얗게 말리는 백로/ 세상도 백로처럼 하얗게 탈색해/ 새들이 맘껏 날

수 있는 환경이 올까?' 시인은 다양한 이미지의 향연을 통해 상상력을 확장해 나간다. 인간의 생각을 까만깃털 하얗게 말리는 백로로 치환시켜 욕심 많은 인간의 무게를 털어내면 세상도 백로처럼 하얗게 탈색해 세상 사람들이 맘 놓고 살 수 있는 세상이 올까? 라고 묻고 있다. 하버드 대학교 의학 박사 학위를 받은 디팩 초프라Deepak Chopra는 '삶을 매혹적으로 유지하는 것은 영혼의 끊임없는 창조성이다.'라고 했다. 「바람전설」이야 말로 삶을 매혹적으로 유지시키며 영혼의 끊임없는 창조성을 보여주는 예라고 할 수 있다.

'방심으로 능력을 착지시킬 수 있을까

바람을 건조시키는 계절
밖으로 나오지 못한 말은 다 어디로 갔을까
가두었다 풀었다 몸부림을 매달고 있는 등성마루

말의 품격은 타협을 물색할 줄 알아
맞장구로 달빛을 납작하게 만들고
바람결에 따라 물들이는 말의 편견

채찍을 넘기며 항상 앞질러가
탈선 방치하며 편견을 늘리는 상처바람
진심 꺾이는 소리에 히이힝 히이힝

자연을 되살리고 있는 용오름 전설은 자라고 있을까

　　입밖으로 추방되자마자
　　가시가 되어 쏜살같이 달리는 천리風
　　세상을 돌아다니는 주인 잃은 고삐

　　편견을 판독하는 풍향계
　　말 없는 대항으로 천리마는 얼빠지고
　　햇살 없는 낮을 항의하는 말총
　　갈기 없는 말소리에 묻어있는 뻣뻣한 털
　　되로 주고 말로 받다 바람은 툭툭 떨어질까?

　　멀리 있는 위험도 감지하는 바람전설
　　동면시키고 있는 순발력과 민첩성

　　장화 신은 말을 보존하며 대를 이어갈 수 있을까?'
　　―「바람전설」전문

　시인에게 중요한 것이 영감이고 없는 길을 찾아 새로운 길을 단장할 영감 즉, 인스퍼레이션inspiration은 신이 시인에게 내려주는 선물이다. 이옥 시인의 시는 세계인이 직면한 문제를 예쁜 장화를 신기고 치장해 상징적으로 승화시킨 명 작품이다. 이 시 정신이 대를 이어 보존되리라 믿는다. 지금 가장 시급한 환경이란 곳으로 눈을 돌려 앞도 뒤도 옆도 보지 않고 집안 살림도 팽개

치고 부부가 힘을 합해 생태계를 살려야 한다는 환경 피켓을 들고 세계로 향하는 이 위대한 시 정신에 누가 감히 도전장을 내밀 수 있겠는가? 부디 생태계를 잘 살려 달라며 '남과 다른 시 쓰기' 반에 최신형 멋진 봉고차를 선물해 주신 이옥 시인 부군夫君 김방섭 옹翁께 지구가 전하는 말을 대신 전해드린다. 참으로 고맙고 고맙고 감사하고 또 감사하다고.

하하하 夏夏夏 외 2편

글 가 람

저, 저런 일이
나뭇가지가 바람 가두고 있다

겨울잠 깨어나 앙상한 젖 빨고 있는 아기바람
저, 찬란한 시간 나뭇가지에 갇혀 발버둥치는 초록바람

맑고 고운
저 한때는 어디로 흘러갈 것인가?
흔들리지 않고 머문 시간이란 없다

끊임없이 흔들리며 봄을 낳고 있는 꽃샘바람

한 채의 봄이 완성되면
여름을 잉태할 것이다

왁자한 꽃소리 공중을 어지럽게 흔들고
비는 물소리만 부풀린다
빗소리 끊어다 칼국수 끓이는 봄비 파란 날

난데없이 끌려온 여름

거머쥔 몸체 휘휘 감아 끌고 가는 청단 머리채에
뚝뚝 떨어지는 웃음소리 하하하夏夏夏

어쩔고!
요동치는 풍난에 살피지 못한
한 마리

바람 혈액형은 A도 O형도 아닌 집시형
끊임없이 돌아다니는 유전자는
욕심 많은 계절, 전염병을 무상재배하고 있다

바드랏재*

숨 흔들며 올라간 고개
여린바람에도 한숨 짓는 한계령

비바람 눈보라에
목숨 부여잡고
길고 험한 시간들 쌓인 곳

권력도 총칼도 하늘에 꽂고

맑은이슬에 목축이고
바람에 가슴 씻는 새떼 보며
날지 못하는 마음
부끄러이 부끄러이
우련한 꽃물 번지는 생앞에
파리되어 두 손 모으고
싹싹 빌어볼까나

아아니,
빌어도 빌어도
다다르지 못할 한계

으스스,
한 떨기 피어나는 가슴바람아!

유령

유령은 지구를 가지고 논다

초록입술로
달빛 햇빛 휘감아
무심히 짓밟는다

봄햇살 한 잔 마시려다
잔속에 동동 뜬 유령

깜짝놀라
더듬더듬 창문을 나가니
흙을 뚫고 올라온
개망초 한 무더기
햇살 틈바귀에 끼어
배고픈 시간을 견디며
바람 한 모금의
결재를 받기 위해
간신히 버틴 흔적이 파랗다

봄향기가

포르말린처럼 휘날리는 공중
차가운 심장을 가진 유령은
봄을 와작와작 뼈째로 씹고 있다

곧 봄은 다 먹히고
여름이 올 것 같은 예감

콩들이
콩알콩알
가슴속에서 콩꽃을 피우고 있다

시감상 | 이서빈

글가람 시인의 글 줄기가 끊임없이 흘러 여름을 만나면 '하하하夏夏夏' 여름 웃음소리가 시원하고 푸르르게 들리는 듯하다.

'저, 저런 일이/ 나뭇가지가 바람 가두고 있다'. 바람이 가지를 흔드는 것이 아니라 저, 저런 일이 나뭇가지가 바람을 가두고 있다는 역발상이다. '겨울잠 깨어나 앙상한 젖 빨고 있는 아기바람/ 저, 찬란한 시간 나뭇가지에 갇혀 발버둥치는 초록바람// 맑고 고운/ 저 한때는 어디로 흘러갈 것인가?/ 흔들리지 않고 머문 시간이란 없다'. 우리가 어디서 태어나 어디로 가는지 아는 이는 없다. 자연에서 인간의 삶을 꺼내 잘 이미지화 시킨 시이다. 인간의 삶은 얼마나 찬란한 시간인가? 거기에 갇혀 발버둥 칠 때까지는 초록이지만 그 초록이 어디로 흘러가는지는 알지 못한다.

'한 채의 봄이 완성되면/ 여름을 잉태할 것이다'. 삶도 그렇게 봄 한 채처럼 태어나 여름으로 넘어가고 '왁자한 꽃소리 공중을 어지럽게 흔들고/ 비는 물소리만 부풀린다/ 빗소리 끊어다 칼국수 끓이는 봄비 파란 날' 비가 물을 불리는 것이 아니라 물소리를 불리고 그 빗소리 끊어다 칼국수를 끓여 먹는 상상속으로 '난데없이 끌려온 여름/ 거머쥔 몸체 휘휘 감아 끌고 가는 청단 머리채에/ 뚝뚝 떨어지는 웃음소리 하하하夏夏夏' 웃음소리를 동음이의어同音異義語로 만들어 독특하고 재미있게 표현하고 있다. 한글이 아니면 불가능한 동음다의어를 잘 활용한 시다. 또, '바람 혈액형은 A도 O형도 아닌 집시형'도 아주 기발한 발상이다. 인간의 혈액형에 집시형이란 혈액형 하나를 더 첨가한 것이다. 그리고 그 혈액형은 '끊임없이 돌아다니는 유전자'로 '욕심 많은 계절, 전염병을 무상재배하고 있다'. 꼭 한번 가보고 싶은 '바드랏재'에서 시인은 '숨 흔들며 올라간 고개 여린바람에도 한숨 짓는 한계령/ 비바람 눈보라에/ 목숨 부여잡고/ 길고 험한 시간들 쌓인 곳'이라고 했다. '맑은이슬에 목 축이고/ 바람에 가슴 씻는 새떼 보며/ 날지 못하는 마음/ 부끄러이 부끄러이/ 우련한 꽃물 번지는 생앞에/ 파리되어 두 손 모으고/ 싹싹 빌어볼까나'. 어둠을 뚫고 세상을 건너온 언어들이 우련한 꽃물 번지는 생앞에 싹싹 빌어본다는 말은 살아있는 모든 생명의 본질을 탐구하고 생명 존재에 대한 탐색과 사유의 깊이에서 비롯되는 숭고한 생명들에게 임하는 낮은 자세인 것이다. 경이와 그리움 숭고는 자연에서 발현하는 것으로 초자아超自我를 들여다보며 현재의 자신을 깊이 통찰하고, 그리하여 평범하고 상식적인 것을 전혀 다른 시각으로 끌어들여 감동으로 전달하며 자연과 인간이 공동체임을 생각하게 만든다. 다음 시「유령」을 보면 더욱 그 이유를 확연하게 알 수 있다.

유령은 지구를 가지고 논다

초록 입술로
달빛 햇빛 휘감아

무심히 짓밟는다
봄햇살 한 잔 마시려다
잔속에 동동 뜬 유령

깜짝놀라
더듬더듬 창문을 나가니
흙을 뚫고 올라온
개망초 한 무더기
햇살 틈바귀에 끼어
배고픈 시간을 견디며
바람 한 모금의
결재를 받기 위해
간신히 버틴 흔적이 파랗다

봄향기가
포르말린처럼 휘날리는 공중
차가운 심장을 가진 유령은
봄을 와작와작 뼈째로 씹고 있다

곧 봄은 다 먹히고
여름이 올 것 같은 예감

콩들이
콩알콩알

가슴속에서 콩꽃을 피우고 있다
―「유령」전문

　칼릴 지브란의「예언자」는 여러 가지 질문에 대한 답변을 시적 언어로 승화시킨 걸작이다. 그는 사랑에 대해서 '비록 그 길이 힘겹고 험난할지라도' '비록 그 날개 속에 숨겨진 칼에 상처를 입더라도' '북풍이 정원을 폐허로 만들듯 그 음성이 그대의 꿈을 흔들지라도' 고통에 대해서는 '매일 날마다 일어나는 삶의 기적들을 가슴속에 경이로움으로 간직한다면 그 고통도 경이로움을 가져다준다.'라고 추이推移를 내다보고 자연에게 자신을 던져 거스르지 말고 자연스럽게 삶을 받아들이고 순응하라고 말한다. 글가람 시인도 환경을 위해 밤을 까맣게 태우고 고민하며 시간 햇살 틈바귀에 끼어 바람 한 모금의 결재를 받기 위해 간신히 버틴 흔적이 보이고 차가운 심장을 가진 유령이 봄을 와작와작 뼈째로 씹어 곧 다 먹히고 말 거라는 예감을 콩들이 콩알콩알 한다고 자연의 경이로움으로 고통을 치환置換시키고 있는 것은 고도의 통찰이 아니면 쓰기 어렵지만 칼릴 지브란의「예언자」를 가장 잘 이해하고 쓴 이 시가 전 지구 사람들 심장도 콩알콩알 움직여 지구가 살아났다는 기별이 오길 기대해 본다.

남과 다른 시 쓰기 동인

'남과 다른 시 쓰기' 동인의 『덜컥, 서늘해지다』는 『함께, 울컥』, 『길이의 슬픔』에 이어서 세 번째 환경시집이며, 이서빈, 이진진, 글보라, 글나라, 정구민, 최이근, 손선희, 고윤옥, 권택용, 우재호, 이정화, 글빛나, 글로별, 이옥, 글가람 등, 열다섯 명이 그 회원들이라고 할 수가 있다.

『덜컥, 서늘해지다』는 "금강산 제1봉인 신선봉 흐르는 물에/ 혼을 갈아쓴" 시집이며, "금강산 봉우리마다 깃든 정기精氣 받아/ 세계의 산이 푸르러질 때까지/ 대칭이 비대칭의 임계점을 넘어서/ 식물이나 동물 생태계 웃음이 푸르러지기를/ 염원한 기도" 시집이라고 할 수가 있다.

이메일   happyjy8901@hanmail.net

남과 다른 시 쓰기 동인
덜컥, 서늘해지다

발　　행	2024년 3월 1일
지은이	이서빈 외
펴낸이	반송림
편집디자인	반송림
펴낸곳	도서출판 지혜
주　　소	34624 대전광역시 동구 태전로 57, 2층 도서출판 지혜(삼성동)
전　　화	042-625-1140
팩　　스	042-627-1140
전자우편	eji@ji-hye.com
	ejisarang@hanmail.net
애지카페	cafe.daum.net/ejiliterature
ISBN	979-11-5728-533-4　03810
값	12,000원

이 책의 판권은 지은이와 도서출판 지혜에 있습니다.
양측의 서면 동의 없는 무단 전제 및 복제를 금합니다.